不安な心に寄り添う

教師も生徒も安心できる学校づくり

クリスティーン・ラヴィシー－ワインスタイン
小岩井僚・吉田新一郎訳

新評論

訳者まえがき

みなさんは、どのような生徒といつも一緒にいるのでしょうか。
・朝になると急にお腹が痛くなってしまう生徒。
・課題がなかなか提出できない生徒。
・休み時間は活発なのに、授業の直前になると急に「調子が悪い」と言って授業を抜けてしまう生徒。
・課題が出ると、「完璧にしなければ……」と思って、必要以上に質問をしてくる生徒。
・テストの点数が想像よりも悪くて次の日に欠席してしまう生徒。

多様な生徒と日々向きあい、なんとか彼らが学校でうまく過ごせるようにと頭を悩ませているのではないでしょうか。

本書の原書を読みはじめた数日後に行われた会議において、あるクラス担任から生徒の情報共有が行われました。それは以下のようなものです。

「保護者からの連絡では、夜には、明日は学校に行くと言うようですが、朝になると起きてこれないということです。学校に行かなければならないということは生徒も分かっているようなのですが……」

この教師も、その場にいた同僚たちも、そして保護者もどのように対応していいのか分からず、会議は報告という形で終わりました。私たちには何ができるのだろうか、という疑問が残ったまま、前に進めずにいたことがずっと私の頭に残ったままとなりました。

そんな状況において、期限までにレポートなどの課題が提出できない生徒に対して、「提出しないと成績がつかないよ」と、半ば脅迫ともいえるような形で提出を促すような場面にもよく出くわします。教師の間では、「なんで出さないんだろうか？　とりあえず出せばいいだけなのに」という会話がなされています。結果的には、この疑問に対しても教師はうまく答えを出すことができず、対処方法もはっきりと分からずにその場をやり過ごしてしまうことが多かったと思います。そんな折に読んだ本書が、このような疑問に対する答えを考えるためのヒントを与えてくれました。

原著者であるラヴィシー－ワインスタイン氏は、「教師として、不安という病が学校に存在するという事実を認識するだけでなく、何か行動を起こさなければならないのです。そして、不安に向きあうための方法を手に入れなければなりません」と語り、以下に述べる問いに対して答えを出すとともに、「不安を抱えている生徒をサポートするために何ができるのかを教師に伝えることが本書を執筆した目的なのだ」と言っています。

・教師は生徒が不安を抱えている場面に何度も直面しているはずですが、的確にそれを見極めているでしょうか？
・生徒が不安を感じている場面に対して、どのように対処すればよいのか教師は理解しているでしょうか？
・不安はどのような形で現れるのでしょうか？
・どのようにすれば、不安を抱えている生徒の状態を、悪化させることなくサポートできるのでしょうか？
・どのようにすれば不安を抱えている生徒のために声を上げ、彼らが不安を克服し、充実した学校生活が送れるようにサポートできるのでしょうか？

これまで、学校における成功は、よい成績を取らせることであったり、よい進学先（偏差値の高い学校）に生徒を送りだすことであったりしてきました。これらは、現在においても、よい学校かどうかを測る指標となっています。そのためでしょう、多くの学校において、教師はよい成績を取らせることや教えるべき内容をカバーすることに意識が向いています。

しかしながら、現在の学校においては、教師が考えるべきことは生徒の学習面だけではありません。アメリカの「ピュー研究所」[1]では、二〇一九年の調査において、「七〇パーセントの生徒がメンタルヘルスを重要な問題であると回答している」という結果を出しています。これは、イジメや薬物、ギャングが問題であるという回答よりも高い割合なのです。

本書において原著者は、「生徒が重要な課題であると考えていることに対して、自分は何ができるのかと考えられなければ教師として失格だ」と述べています。さらに、「生徒は、不安が何なのかをまだ理解できないときに、自分の声となってくれる人を必要としており、それこそが学校の教職員が担わなければならない役割である」としています。そのためには、必ずしも「不安を抱えてきた経験をもつ必要はなく、不安を抱えている生徒が何を必要としているのかを知ろうとする姿勢が必要だ」と、本書を通して訴えています。

朝なかなか起きれない生徒や、授業の課題提出ができない生徒に対して、単に時間の管理スキルが身についていないだけという考え方もあるかもしれませんが、ひょっとしたら不安を抱えていたのかもしれません。

これまで、何らかの問題を抱えた生徒と出会うと、多くの場合、その生徒と関係する教師が集まって、教師自らの経験からその理由を推測して対処しようとしてきました。しかし、現在の学校が向きあわなければならないことは、これまでに経験してきた課題から大きく変化しているのです。つまり、教師の経験だけでは見えないものが増えてきているということです。そのなかでもっとも重要なものが生徒のメンタルヘルスであり、生徒が抱えている「不安」なのです。

本書では、原著者が経験してきた、実際の「不安の物語」が描かれています。そして、そのような場面に出合ったときにヒントとなる、「不安」との向きあい方が述べられています。原著者の願いは、より多くの人に「生徒の不安が小さくなるように、不安との闘いに参加」してもらうことです。多くの生徒がより良い学びを経験し、人としても成長できるようにサポートしていきたいものです。

最後になりますが、粗訳の段階で目を通し、貴重なフィードバックをしていただいた遠藤弘樹さん、中山彩夏さん、安田智香さん、そして本書の企画を快く受け入れていただき、最善の形で日本の読者に読んでもらえるようにしてくれた株式会社新評論の武市一幸さんに感謝します。

二〇二二年　四月

小岩井僚

(1)（Pew Research Center）アメリカ・ワシントンＤＣを拠点として、アメリカだけでなく世界における人々の問題意識や意見、傾向に関する情報を調査するシンクタンクです。

もくじ

不安な心に寄り添う——教師も生徒も安心できる学校づくり

Christine Ravesi-Weinstein
ANXIOUS
How to Advocate for Students with Anxiety,
Because What If It Turns Out Right?

Translated and published by Shinhyoron Co. Ltd.
with permission from The Paperless Classroom DBA ×10 Publications.
This translated work is based on ANXIOUS by Christine Ravesi-Weinstein.

Translation arrangement managed RussoRights, LLC and
Japan UNI Agency Inc. on behalf of Times 10 Publications.

第 1 章

予期せぬ事態への対応

不安を抱えている生徒に対して
教師が行いがちな過ちと、その修正方法

好奇心は旺盛に、判断は慎重に。

（ウォルト・ホイットマン）*

（＊）（Walter "Walt" Whitman, 1819～1892）アメリカ文学においてもっとも影響力の大きい作家の一人であり、しばしば「自由詩の父」と呼ばれる詩人です。

「不安」というものは不思議な病です。私たちは、誰もが一度は不安な気持ちになったことがあるため、病としての不安を抱えるとはどういうことなのかについて理解している、と考えています。しかし、不安な気持ちと病としての不安はまったく異なるものなのです。そのため、不安を抱えている生徒のサポート方法を理解する前に、教師がいま行っていることがなぜ助けにならないのかについて知る必要があります。以下において描いたストーリーは、不安を抱えている生徒に対してよく行ってしまう過ちと、その際に取るべき適切な方法についての物語です。

困難に直面する

グレースは毎学期成績優秀者に名を連ね、アスリートとしても才能のある高校生です。そのため、彼女の予定表は[1]いつもびっしりと埋まっていました。彼女は、習熟度別クラス編成などでの上級クラスやＡＰクラスを一日中履修し、放課後はずっと練習や試合をしています。家に帰ると、母親が準備をしておいた食事を食べながら宿題をはじめます。食事のあとはシャワー、さらなる勉強、そして寝る、という日々を過ごしていました。

グレースは、午後一〇時以降まで起きていることはほとんどありません。レポートの課題は締め切りの一週間前にはじめ、試験は数日前から準備するなど、締め切り間際に焦ることがないようにしっかりとした計画を立てていました。授業やそのほかの場におけるグレースの優秀さは、このようなルーティーンと準備によってもたらされていました。

教師やコーチは、彼女は静かで努力家だと考えていましたが、典型的な不安という症状をグレースが示していることに気づいていませんでした。

グレースはソフトボールチームのレフトを守り、一番打者として、これまで五割近くの打率を残し、九年生のときに国語を担当していたコーチともよい関係を築いていました。

一二年生(2)の春、すでにソフトボール・シーズンのまっただ中というある日、自らの学校で行われる試合の際、グレースはチームメイトとともにウォームアップとグラウンド整備を行っていました。ピッチャーがレフトでウォームアップをしている間に内野手はライトでキャッチボールをし、グレースとほかの外野手たちは内野のグランドセッティングを行うことになっていました。

(1)（Advanced Placement）大学の初級レベルの授業を行うクラスのことです。

(2)高校の最終学年で、日本流にいえば高校三年生です。アメリカの高校は四年間と決まっているため、本書では小学一年生から高校の最終学年まで通しの学年で表示します。

不安を抱えている生徒のサポート方法を理解する前に、教師がいま行っていることがなぜ助けにならないのかを知る必要があります。

グレースはベースをそれぞれの位置に運び、グラウンドに空けられている穴に固定していきました。一塁はスムーズにはまりましたが、二塁がうまくはまりません。よくあることですが、穴に土が入り込んでいてベースが平らにならなかったのです。

グレースが困っている様子をチームメイトが見かけ、手伝いに来てくれましたが、彼女たちもベースを平らにはめることができませんでした。彼女たちは、ベースをそのままにしてしまったらどれだけ面白いかと笑いあっていました。作業が終わっていないにもかかわらずふざけあっているグレースたちを見て、ヘンダーソンコーチが近寄ってきました。

「何をしているんだ？　試合は四五分後なんだよ！」

女の子たちは固まり、リーダーともいえる存在であるグレースを見やりました。ヘンダーソンコーチもいら立ちながらグレースを見て、簡単な作業が終わっていない理由を尋ねました。

「ベースがうまくはまらないんです」と、グレースが答えました。

「はまらないって、どういうことなんだ？」

「穴に土が入り込んでしまっていて、ベースがはまらないんです」

「指で、穴から土を掘りだせばいいじゃないか」

「汚れるのが嫌なんです」と、グレースが言いました。

ほとんどの人が気づいていませんでしたが、グレースがもっとも気にしていることが「清潔さ」なのです。土が爪の中に入ったり、指にこびりついたりすると、そのことで頭がいっぱいになってしまうのです。そのままバッティンググローブをつけても、しっくりこなくて実力が発揮できないのです。

しかし、手を洗うための石鹸や水道は近くにありませんでした。また、土を掘りだすという行為はグレースの試合前のルーティーンにはなく、ルーティーンが崩れてしまうと彼女は試合に集中できなくなってしまうのです。

グレースの単なる思い込みから来ることかもしれませんが、事実なのです。いつものルーティーンが行えないと、三振をしたり、エラーをしてしまうかもしれないという声が頭に入り込んでくるのです。試合前のルーティーンは、よい成績を残せないのではないかという彼女の不安な気持ちを落ちつかせるための方法であり、そのルーティーンが崩れてしまうと不安感が彼女を支配してしまうのです。

「本気で言っているのか?」ヘンダーソンコーチが怒鳴り声を上げました。

グレースは黙り込んでしまいました。頭の中では、コーチの言葉が繰り返されています。彼女を不安な気持ちにさせるもう一つの要因が、ほかの人をがっかりさせることなのです。コーチの失望した様子は彼女の不安な気持ちを増幅させ、心臓の鼓動を速めました。

彼女の頭の中では、「できそこない」という叫び声が響きわたっていました。グレースは不安にさいなまれ、集中して試合に臨めるような状態ではなくなりました。

何分にも感じられるほど黙って二人は佇んでいましたが、実際はほんの数秒でした。「もういい」ヘンダーソンコーチが言い、屈んで土を指で取り除き、グレースからベースを受け取ってグランドに設置しました。彼が踏んだベースは、しっかり平らになっていました。「そんなに大変なことか？」コーチがグレースに問いただしました。「何に対してそんなに取り乱しているのか分からないが、落ち着きなさい」

グレースは二塁ベースに立ち尽くし、今にも泣きだしそうな様子でした。

このときにグレースが感じていた不安は、母親から食器洗いを頼まれたときに対峙する不安と同じものでした。グレースは、シンクの隅に置いてある汚れたスポンジに触ることができないのです。触ると、バイ菌が彼女の腕を登ってくるような感じがするのです。土を指でかきだすことに対しても、同じように感じていたのです。

もし、彼女がこの状況に対して落ちついて対処できていたなら、気まずいやり取りや相手を失望させることはなかったでしょう。しかし、グレースにはそのようにできないのです。彼女は、わざとそうしたわけではないのです。

不安は目に見えるものではありません。教師であっても、生徒の感じていることが分かるはずなどありませんし、生徒が不安と闘っている状態なのかどうかについては見ても分かりません。私たちからすれば簡単に見えることでも、生徒にとっては非常に困難を感じるものであったりするのです。

生徒が教師の言動をどのように解釈し、どのように反応してくるのか、私たちには分かりません。まずは、この点を理解する必要があります。生徒に働きかける前に、状況の全体像をしっかりと把握する必要があります。もし、グレースのように不安を抱えている生徒がいた場合には、やり取りの方法をしっかり考えて、変えていく必要があります。

不安な心をサポートする方法——教師から生徒に働きかける

抱えている不安を生徒自身が意識してしまうと、さらなる不安を誘発することになってしまいます。グレースは、汚れることを嫌がっていたとき、自分のことを恥ずかしく思っていました。ヘンダーソンコーチに声をかけられる前からです。コーチの側から見ると、グレースは中心選手として毎日のように汚くなっているので、この状況については理解し難いことでした。また、優秀な生徒で、ちょっとした困難への対処方法についても理解していると思っていましたが、グレースにとっては、今回の状況はうまく対処できるものではなかったのです。

このような生徒の捉え方に関する教師の誤りというのは、残念ながらよくあることです。そして、不安を抱えている生徒に対する誤った対処方法につながって、ヘンダーソンコーチのように、しまいます。要するに、効果的なサポートではなく、「そんなに大変なことか？　何に対してそんなに取り乱しているのか分からないが、落ち着きなさい」という対応を教師はとってしまうのです。

生徒が必要としているのは、理解してくれる人であり、相談できる人です。単に共感を示してくれるだけではなく、親身になって理解してくれる人が必要なのです。できることなら、すべての教師に「不安」を感じながら一週間を過ごしてもらい、生徒がどのように感じているのか、しっかり体験してもらいたいものです。

ここでできる最善策は、不安を抱えている生徒とどのように付き合っていくべきなのかという方法を示すことです。以下に挙げるのは、多くの教師が生徒に対してとってしまう五つの誤りと、その状況において実際に教師がとるべき方法です。

何かできることはあるか、と尋ねる

多くの教師が不安を抱えている生徒に、「心配しないで、大丈夫だよ」と伝えています。しかし、不安な気持ちは、残念ながら「大丈夫なもの」にはなりません。どうしようもなく、時には制御できないものになっていきます。さらに、不安症の生徒が抱えている不安は、突然現れるわけではありません。常に、生徒が抱えているものなのです。

不安は恐怖感であり、心配な気持ちであり、戸惑いをもたらすものです。実際に不安を引き起こす原因がなくなっても、自分を卑下したり、疑ったりと、常に不安が心の中に存在しているのです。試験の際に緊張するといった状態は、いずれ収まります。試験が終われば緊張状態は解けていきますが、不安は緊張とは異なり、終わりが見えないのです。生徒に「心配しないで、大丈夫だよ」と伝えるのではなく、「何かできることはある？」と尋ねてみましょう。気持ちがしっかり落ち着くまでの過程を一緒に過ごしてあげることが大切なのです。

落ち着いている様子を見せる

不安を抱えている人に「落ち着くように」とよく言うわけですが、あまり意味のある言葉ではありません。不安を抱えている人がもっともしたいこと、それはリラックスすることです。「落ち着いて」と声をかけてしまうと、「できていない」という思いがより強くなってしまいます。そして彼らは、まったくもってうまくいっていないと感じてしまい、さらに強い不安状態に陥ってしまうのです。

できていないことを意識させるような声掛けをするのではなく、できることに意識を向けさせる必要があります。まずは教師が落ち着いている様子を見せれば、生徒も落ち着いていくはずです。徐々に働きかけていきましょう。状況をしっかりと捉え、生徒の落ち着いた様子が見えてきてから、サポートできることについて伝えていくようにするのです。

生徒が心配しはじめていることを受け入れる

不安は、気にしてしまうことから引き起こされます。多くの教師は、生徒が心配しているような状況を乗り越えたことがあったり、いまの状況に不安を感じていない場合は、「心配する必要はないよ」と言えば生徒の心配事が薄れると考えています。しかし、生徒が心配しはじめてからでは遅すぎるのです。

不安というのは、考えすぎから来る症状です。頭の中で繰り返される内なる声によって生徒は不安になっていくため、その内なる声に対して生徒は、「深呼吸をして！　心配しないで！」とすでに言い続けています。つまり、彼らの心配ははじまっているのです。彼らが心配しはじめていることを理解して、落ち着いて待ちましょう。適切なサポートによって彼らを落ち着かせることができます。不用意な言葉ではなく、「できるサポート」で教師から働きかけていくことが大切です。

生徒の言葉に耳を傾ける

私がフラストレーションを感じる事例の一つとして、生徒へのサポートがうまくできていない教師が、「誰でも、みんな不安になるものだよ」と言っているシーンが挙げられます。たしかに、そのとおりです。

誰しもが不安になるものです。私たちの脳はそのようにできているため、健全な生理現象として不安を感じることがあるわけですが、それは不安を抱え続けているという状態とはまったく違います。

糖尿病はインスリンをつくりだす機能がうまく働かないことが原因となっていますが、不安症は自律神経系がうまく機能しないことによって引き起こされます。不安を抱えている生徒に対して「誰もが不安になる」と伝えてしまうと、その生徒に、なぜ自分だけ感じ方が違うのかと考えてしまうきっかけを与えてしまうのです。

ほかの人も同じだと伝えるよりも、不安を抱えている生徒の言葉に耳を傾け、彼らが何を感じているのかを聴き、ほかの生徒と異なる感じ方をしているという現実を理解していく必要があります。不安を抱えている生徒が必要としている冷静さを、教師ももっていなければならないのです。

生徒の動揺を受け入れる

ヘンダーソンコーチがグレースの動揺状態には何か原因があると考えていなかったことは明らかですが、そのことを今さら言っても意味はないでしょう。生徒に対して、「この程度のことで動揺する必要はない」と言ってしまうことは、思慮を欠いた発言となります。たしかに、健康的な人であれば、不安というものは何ら価値のないものであり、感じる必要のない無駄なものであると捉えるでしょう。しかし、そもそも不安を感じるかどうかは自分でどうにかできるものではないのです。

さらに、不安を抱えている生徒からすれば、「よくなるから大丈夫だよ」といった前向きな声をかけられると悪循環が生まれてしまいます。なぜなら、不安が心を支配しはじめても、やがて何事もなくその不安が治まることがあったりすると、よい状態を得るための過程に不安があるだけなのだと脳が理解するようになってしまうからです。

すると、不安になることが、不安を抱えている人にとっては喜ばしいものになってしまいます。今の状況に不安を感じても、最終的にはよい方向に進むことになるはずだ、という前向きな気持ちをもつようになってしまうのです。

教師であるあなたがすべきことは、生徒が動揺している理由を理解していると伝え、生徒自身の力で落ち着けるための方法が見つかるようにサポートしていくことです。そうすれば、教師も生徒も、お互いに何をすべきかについて理解できるようになります。

「楽に」四マイル(3)を走る

二〇一九年の秋、私は五回目のハーフマラソンに出場する予定でした。ボストン陸上協会（ＢＡＡ）が主催するハーフマラソンです。四回にわたるこれまでの記録のなかでもっともいいものは、最初のレースで出した二時間三分というものです。私が目標としている二時間以内でのゴールはまだ達成されていません。

今回のハーフマラソンに出場すると決め

(3)　一マイルは約一・六キロです。

2018年５月に初めて走ったハーフマラソンにおける11マイル地点の様子です。私はこのとき、２時間３分を少し過ぎたときにゴールしました。

た際、どのようなトレーニングをするかについてはまったく決まっていませんでした。年度初めにＢＡＡの長距離メドレーレース[4]への参加を決めたときには、一〇月のレースなど頭になかったからです。

二〇一九年の八月、レースまであと一〇週間となり、一時間五九分五九秒以内にゴールしたいという想いのもと、私は一〇週間のトレーニングプログラムを組みました。

多くのランナーにとっては、自ら決めたトレーニングプログラムを滞りなくこなしていくことが一般的となっています。レースへの登録をすませ、目標を決めて、それを達成するためのプログラムを決めるのですが、私は二〇一九年の八月以前に、レースのために決めたプログラムをこなしたことがありません。ランニングとトレーニングは私にとっては気晴らしのようなもので、もし誰かの期待に応える必要があると考えてしまうと、「気晴らし」ができなくなってしまいます。つまり、義務のようになってしまうのです。

トレーニングプログラムでは、週の初めは短い距離を走り、日曜日に最長距離を走るように組み、回数をこなすごとに距離を延ばしていく予定にしていました。最初は、七マイル、八マイル、そして九マイルを二週連続で行い、一三マイルまで延ばしていったのですが、すぐに、日曜日のトレーニングに対して不安を感じている自分に気づきました。まだその距離を走りきれるほどにはなっておらず、歩いてしまうのではないかというネガティブな思考が浮かんできたのです。そして前日（土曜日）、ぐっすり眠れなくなってしまいました。

最初の二週間を終えて、三マイルから五マイルを走るほうが日曜日の長距離よりも不安を感じていることに私は気づきました。苦しみながらも四マイルから五マイルをこなすことが三週間続いたとき、わが身に起こっていることがはっきり理解できました。トレーニングプログラムには距離だけが設定されているのではなく、ペースも設定されていたのです。たとえば、「六マイルを一マイル九分九秒のペースで四回」、「九マイル、長距離のペースで」、「四マイル、楽に」というようになっていました。

長距離がきついことは分かっています。何といっても長いわけですから。一方、「楽に」走ることは簡単なはずですよね。しかしながら、「楽に」と設定されたランニングのすべてを、その逆に感じてしまったのです。過酷で、辛く、終わりがないように感じられたのです。

これらのランニングでは、常に頭の中で闘いが起きていました。

「これは楽なはず。何でこんなに辛いのだろう。楽に楽に。楽って何？　楽すぎないかな。もう少し速く走ったほうがいいのかな。坂道も楽なの？　こんなに長い距離が楽なはずがない！　この『楽に』走るプログラムができなかったら、ハーフマラソンなんて走れるわけがない」

（4）　五キロ、一〇キロ、ハーフマラソンを一年以内に走るというものです。

ランニングを「楽」とすることは、私にとっては不安を大きくするだけでした。もちろん、トレーニングプログラムは、私が不安を抱えていることを考慮してつくられていません。課題などに対して「楽」や「簡単」と表現することは、不安を抱えている人からすれば、それを増幅する以外の何物でもないのです。

テストを配るとき、生徒がいつも「簡単ですか?」と尋ねてきたことを思い出します。いつも、次のように答えていました。

「私にとっては簡単よ。先生だからね。でも、それは、みんなにとって簡単ということではないよね」

教師は、自分たちの意見が生徒にどれほどの影響を与えているのかについて考える必要があります。不安を抱えている生徒に対しては、とくにです!

不安な心をサポートする方法――自分の意見は胸にしまっておく

無理難題を強いられても何とか達成させようと「完璧さ」を求めることに、不安は関係しています。たとえば、一マイルを八分で走ることについて「できるか?」と尋ねられれば、できるかどうかを考えることなく、私は「すべきだ」と信じ込んでしまうのです。二度の帝王切開と右膝の手術を経験している三九歳の私ですが、できるかぎり努力して、クリアできるように頑張ります。その結果、できなかったときには落ち込み、動揺し、「全然ダメだ」と考えてしまいます。

不安は、できない理由を受け入れてくれません。ただの言い訳だと捉えてしまいます。一例ですが、四マイルのランニングは簡単に自信喪失へとつながります。四〇分という目標を設定して、仮に三九分で走り終えたとしても、心では三八分で走れたのではないかと考えてしまうのです。

走る前に「楽に走れる」と言われてしまうと、不安な気持ちにアドレナリンの注射を打つようなものとなり、不安感を増幅させてしまいます。不安を消すためのいかなる努力も意味をなさないのです。はじまる前から結果は出ています。常に、不安が私の努力を打ち負かしてしまうのです。

教師は、不安を抱えている生徒には注意深く接しなければなりません。自信をもたせようとする教師の努力は、多くの場合、生徒の不安を加速させています。不安は、自分と他者を比較してしまうような人を「好物」としています。物事の良し悪しなどといった主観的な考えについて意見を共有するのではなく、「自分の意見は胸にしまっておく」という言葉について考えてみましょう。

意見というものは主観的な結論でしかなく、十分なエビデンス（証拠）をもたず、教室の中でもっとも重要な要素である生徒たちを考慮に入れていないことが往々にしてあります。教師としての意見は十分な考えをもったうえで共有されるべきですが、裏目に出てしまうことがよくあるのです。あなたがどのように考えているのかということを生徒に伝えるのではなく、以下の方法を用いて、生徒自身のペースが保てるようにしてみてはいかがでしょうか。

課題に挑戦させる

「その課題は簡単だ」と言う代わりに、課題に挑戦していくよう促してみましょう。先に述べた「楽に四マイル」のように、不安を抱えている生徒に「課題は簡単だ」と伝えてしまうと、その課題がより難しいものになってしまうことがあります。スキルや内容を学ぶよりも「簡単」とはどういうことなのかにこだわりはじめ、本当に簡単なのか、それとも難しいのかと悩みはじめてしまうのです。

教師であるあなたにとっては簡単な課題かもしれませんが、それは、すでに内容やスキルを身につけているからです。「簡単だ」と言った生徒もいたでしょうが、難しいと思っていた生徒がそのことをあなたに言わなかっただけなのです。

「簡単さ」は相対的なものであり、その人自身の考えでしかありません。あなたは生徒の気持ちを楽にしようと思って伝えているのでしょうが、不安を抱えている生徒にとっては逆効果となります。生徒には、「難しいと感じてもよいのだ」ということを伝えましょう。そして、困難を乗り越えるためのサポート役としてあなたがいる、ということを改めて伝えるのです。もし、難しいと感じないのであれば、「それはよいことだ」と生徒に伝え、より難しいスキルや内容を提示するようにしましょう。

よい面を捉える

生徒に「もっとできる」と伝えるのではなく、「あなたの取り組む姿勢がいいね」と、できている様子を伝えることが大切です。完璧とは、一〇〇パーセントであったり、成績がオールAであったり、打率が一〇割のことです。不安を抱えている生徒は、完璧にならないかぎり、「もっとできるはずだ」と考えてしまいます。実際、不安を抱えている生徒は、不完全であることを恐れて課題を避けたり、学校そのものを避けてしまったりします。このような生徒は、不完全なものを提出するよりはやらないほうがよい、という選択をしてしまいます。

もし、不安を抱えている生徒に対してあなたが「もっとできるはず」という思いをもったときには、同じような思いを生徒たちはすでに抱えているものなのです。そんなとき、あなたが「もっとできる」と生徒に言ってしまうと、あなたの期待を裏切っていると考えてしまいます。そうなると、あなたを喜ばせることができないという思いにとらわれ、より良い結果が出せなくなってしまいます。

常によい面を捉えるようにしましょう。生徒には、できていることをあなたが認めていると分かるようにしてください。たとえ、もっとできることがあったとしてもです。

他人と比較せず、自分のペースを守ることを促す

自分のペースを守ることは、セルフ・アドボカシーを育む一つの方法となります。(5)

課題やテストの前、教師が生徒に対して、「終えるまでには十分な時間がある」と伝えている場面をよく目にします。そんな場面において、不安を抱えている生徒がテストを受ける際に気を逸らしてしまう理由として、クラスメイトが同じ部屋にいるということが挙げられます。

不安を抱えている生徒は、どのあたりの問題に取り組んでいるのかにかかわらず、自分は解き終わっていないのにクラスメイトがすでにテストを解き終わっている様子が見えてしまうことで、「自分はダメなのだ」という言葉が頭の中を占めはじめるのです。

このようなことを踏まえれば、不安を抱えている生徒が、テスト配付直後に「テストの時間は十分にあります」という声をかけられてしまうとどのような反応をするのかについて理解できるでしょう。もし、時間が足りなくなってしまった場合、自分がダメだからだ、と彼らは判断してしまうのです。

このような否定的な考えは、いつでも、どこにいても生まれてしまうものです。このような生

徒たちは、誰に言われるでもなく、そして、それがよい結果をもたらすことがなくても他人と自分を比較してしまいます。彼らには、「自分にあったペースで課題に取り組むように」と伝えましょう。たとえば、一分程度の休憩を挟みたければそれでもよいのです。

私も、走っているときに一分ほど歩くことがあります。ペースを常に保たなければならないと考えてしまうと苦しくなってしまうからです。不安を抱えている生徒には、前に進み続けるために、「必要であれば少し歩いてもよい」と伝えていきましょう。

前へ進む

本章では、教師が行ってしまう重要かつよくある過ちを見てきました。教師は何らかの意図をもって生徒に声かけをしていますが、それが不安感を落ち着かせることにはならず、その言葉によってさらなる疎外感や孤独感につながってしまいます。

グレースが糖尿病を患い、二塁で発作を起こしていたとしたら、ヘンダーソンコーチは「大丈

(5)（self-advocacy）ほかの人に依存するのではなく、自らが実生活上の責任を引き受けることであり、ほかの人に理解してもらうために自分を主張することです。「自己弁護」や「自己主張」などと訳されることもありますが、ニュアンスが違いますし、本書のキーワードの一つなのでカタカナ表記とします。

夫、インスリンを打ちなさい。意識を失わないように。誰でもシュガー・ハイ[6]になるのだから、ストレスを感じることはないんだよ」と言うでしょうか？

もちろん、言わないでしょう。糖尿病は体の機能にかかわる病気で、コントロールできるものではないということを誰もが理解しています。

教師であれば、不安な気持ちについても、身体的な病気と同じようなアプローチが必要であるということを理解しておかなければなりません。なぜなら、不安な状況というのは、脳において適切な量の神経伝達物質が生産できなくなってしまっている状態だからです。

不安を抱えている生徒のために、気にしてしまいそうなことを先に予測して対処してしまうと悪影響を及ぼす場合が多いものです。「課題は簡単だ」とか「それほど時間はかからないはずだ」と伝えることは、先を見越して不安を取り除いてあげようとする行為なのでしょうが、生徒からすれば否定的な考えを強化することにつながるのです。

では、ヘンダーソンコーチやそのほかの教師は、グレースのような生徒に対して何ができたのでしょうか？　のちの章では、不安を抱えている生徒を教師がサポートするための方法やその物語をお伝えします。教師と生徒のよいやり取りと避けるべきやり取りの差は紙一重ですが、よいやり取りの価値は計り知れません。

最終的な目標は、グレースのように順調に見える生徒が心の中で経験している苦しさを軽減することです。不安に対する見方を変える準備をしてください。それがうまくいったとき、さて、どうなるでしょうか？

考えてみましょう

❶生徒の言動に対してイライラして、待ちきれなくなったことはありますか？　そのとき、何か違った対応ができたでしょうか？

❷不安を抱えている生徒に悪影響を及ぼすと考えて、絶対に言わないでおこうと思ったり、行ったりしないと誓ったような経験はありませんか？

❸学校の内外で生徒によい影響を与えるために、何かを言おうとしたり、行ってみたいと思ったことはありますか？

（6）糖質を急に摂取することで興奮状態になることです。誰にでも起きうる状態です。

第2章

よく見る、尋ねる、実行する

生徒が自分で不安を乗り越えるために
サポートする方法

人生で恐れることは何もないのです。
あるのは、理解すればよいことだけなのです。
（マリー・キュリー）*

（*）（Maria Salomea Skłodowska-Curie, 1867～1934）物理学者、化学者で、1903年にノーベル物理学賞を、1911年にノーベル化学賞を受賞しています。

二一世紀の教育が扱うのは、各教科における知識だけでなくスキルです。教師として、私たちにはトータル(1)な生徒を教育するという義務があります。何かを教える絶好の機会となる多くのものはカリキュラムの外に存在しており、不安を抱えている生徒もそれは同じです。このような機会にこそ、教師は一歩下がって、生徒自身が解決できる「術《すべ》」を教える必要があります。

まずは状況を適切に見極め、適切な質問を投げかけることからはじめます。教師にはどのようなことができるのかについて、生徒自身に言葉で表してもらうことが大切です。本章では、サポートの必要性を生徒が言葉にできるようにする方法を見ていきます。

悩みを聞いてくれる存在

ベテラン教師であるフランクリン先生は、指導力があり、好感度の高い教師です。習熟度別に編成されているクラスにおいて、上級クラスや大学への進学を希望している一一年生に英語（日本における国語）を教えています。すべての生徒と親しいわけではありませんが、彼とうまくいかない生徒はおらず、彼のことを悪く言う人はいません。生徒には、フランクリン先生が生徒のことを気にかけているということがしっかりと伝わっていました。

フランクリン先生は、学習面、生活面から生徒をよく理解しています。彼の勤務する学校の英語科では教師同士の連携が図られており、教師は、それぞれの授業において生徒の過ごし方を把握しています。教師が新年度の初めに受け持ち生徒の一覧を受け取ると、誰が誰のクラスにいて、どのような点に気をつけるべきかなどについて話し合っています。

リサは静かで優秀な生徒であり、アスリートとしても優秀です。彼女には強気なところがあり、「神経質でもある」とコーチたちは話していますが、フランクリン先生はリサのことを、強い意欲をもった生徒だと認識しています。授業中は控えめで、集中していますし、落ち着いています。大きな声を出したり、問題を起こすようなことはなく、無言になったり感情的になったりすることもありません。ディスカションにも参加しますし、教師の要求にしっかりと応じています。このように、授業において何か問題を起こすような生徒ではありません。

ある日、フランクリン先生の英語Ⅲ上級のクラスに生徒が入ってきたとき、リサはうつむいて誰とも話さずにいました。心配するほどではありませんでしたが、いつもと様子が少し違っていました。生徒が席に着き、フランクリン先生が準備をすると、授業開始のベルが鳴りました。

---

(1)　ここでいう「トータル」は「全体」という意味で、単に知識だけを提供するだけでなく、人間全体として成長することを意味します。とくに意識されているのは、本書のテーマともなっている「感情」面における成長です。これについては、『感情と社会性を育む学び（SEL）』が参考になります。また、教科指導においてそれらを意識して実践した取り組みが『国語の未来は「本づくり」』で紹介されています。

「みんな、おはよう」

「おはようございます」

「では、単語帳を出して、小テストの準備をしましょう」

フランクリン先生がこう伝えると、生徒たちは単語帳を取りだし、隅々まで目を通していきます。歩きながらフランクリン先生は、「何か困っていることはないか？」と言いながら生徒たちの席を回っていました。すると、リサがシクシクと泣いているのに気づきました。誰も彼女に声をかけませんが、彼女は手で顔を覆い、何とか気持ちを落ち着かせようとしていました。

単語帳を出してはいましたが、リサは勉強をするような状態ではありません。これまで座った状態で泣いている生徒はいなかったので、フランクリン先生は心配になりましたが、どうしていいのか分かりませんでした。腫れた目をし、顔が紅潮していたことから、ずっと泣いていたのだろうと思われました。

五分間だけ復習の時間をとったあと、フランクリン先生は小テストをはじめました。

「ＯＫ。それじゃあ、単語帳を閉じて筆記用具を出してください。時間をかけてもいいのですが、最大でも一五分から二〇分にしましょう。質問があれば手を挙げてください。そちらへ行きます」

単語帳をしまって小テストを受ける準備をする際、クラスが少し騒がしくなりました。その間にフランクリン先生がリサに目をやると、彼女は単語帳を床に置き、鉛筆を筆箱に入れつつ、鼻をすりながら涙をぬぐっていました。しかし、顔を見ることはできませんでした。

「準備はいいかな？　では、小テストを配ります」

リサを含めた全員にフランクリン先生が小テストを配りました。リサのところまで先生が来ても、彼女は顔を上げず、声を発しませんでした。小テストが床に落ちてしまわないように、フランクリン先生は彼女の肘に挟まるように置き、生徒たちが静かに取り組みはじめたことを確認してから、教室の隅にある自分の机へと向かいました。

生徒が小テストに取り組んでいる間、フランクリン先生にとっては自分の仕事ができる時間でしたが、リサから目を離すことができませんでした。リサは、小テストに取り組まずに泣き続けていたのです。このままだと時間内に小テストは終わらず、少なくともよい結果にはならないでしょう。そのままにしておくべきなのか、何かできるのか、フランクリン先生は悩んでいました。

おもむろにフランクリン先生は立ちあがり、リサが九年生のときからバスケットボールのコーチをしており、彼女のことをよく知っていると

ある人にとっては大したことではなくても、ほかの人にとっては違うのです。それは、生徒がまだ幼く、経験が少ないから大変なのではなく、逃れようのない不安な気持ちが次から次へと湧きあがってくるからです。

思われるショー先生がいる隣の教室へ向かいました。フランクリン先生は、ショー先生に自分の教室にいてもらうようにお願いをして、リサから話を聞くことにしたのです。

「リサ」小さな声をかけました。「小テストは一旦やめて、ちょっと話をしよう」

とくに嫌がることもなくリサは立ちあがり、フランクリン先生の後について教室を出ました。余計な注目を集めてしまうため、彼女を教室から連れだすことにリスクがあると分かっていましたが、この時点では、すでに全員がリサの様子がおかしいことに気づいていました。

フランクリン先生は廊下を少し歩いて、学校の図書館へ向かいました。誰もいないスペースを見つけて二人で座ると、彼女の顔を見ながら話しかけました。

「どうしたんだい、何かあったの？」

目を覆ったまま、リサが少しずつ話はじめました。前日、彼女は三人いる一二年生のなかで、一人だけ次年度のバスケットボールチームのキャプテンに選ばれず、一晩中、そして朝まで泣いていたと教えてくれました。フランクリン先生が、「ほかのクラスでは泣いていなかったの？」と尋ねると、「泣いていた」とリサは答えました。

「ほかの先生たちは、何か声をかけてくれなかったの？」

「何も……」

フランクリン先生は、バスケットボールチームでの発表がどれほど彼女にとって辛いものだったのか、コーチやチームメイトが何も声をかけてくれなかったことがどれほど悲しいことだったのかというリサの話を静かに聞いていました。今日は家にいたいと思っていたリサでしたが、お母さんが許してくれなかった、ということでした。フランクリン先生はリサを落ち着かせ、まずはやるべきことを一つずつ取り組めるようにする必要がある、と考えました。

「今、何をしてあげられるかな？」フランクリン先生が尋ねました。

「とくに何もないです」リサが答えます。

「小テストだけど、今日受けたい？」

「放課後に受けてもいいですか？」

「もちろん、大丈夫だよ」

フランクリン先生は横の机からティッシュペーパーを取って、リサにわたしながら答えました。

「一緒に深呼吸をしよう。しっかりと気持ちが整ったら、一緒に教室に戻ろう。いいね？　コーチに僕から話をしたほうがいいかな？　ショーコーチにも伝えようか？」

数分ほどしてからリサが、「ショーコーチに伝えてもいいよ」と言ってくれました。

フランクリン先生は、笑顔になったリサと教室へ向かいました。二人のやり取りは授業時間のほとんどを使ってしまいましたが、そのことに先生は気づいていませんでした。しかし、リサがうつむいたまま教室に戻らずにすんだことで、フランクリン先生は意味のある時間を過ごしたと感じていました。

リサは、非常に強い不安を抱えているスポーツ選手でした。もちろん、三人いる一二年生のうち、一人だけキャプテンに選ばれなかったことはどんな生徒にとっても辛いことですが、一般的に見ても、リサの反応はかなり強いものでした。彼女の失望感はコントロールできるものではなく、「お前はダメなのだ」と語りかけてくる内なる声に支配されていました。

この物語は、リサよりもフランクリン先生に注目しなければならない話です。彼の行動から多くのことが学べるからです。フランクリン先生はリサに対して、適切な行動をとることができており、リサの感じている極度の不安感を無視しませんでした。このような状況に対して多くの教師は困惑してしまい、何もできないものです。

では、リサのような生徒にとって、フランクリン先生の何がよかったのでしょうか？　まず、フランクリン先生は、教室からリサを連れだしました。リスクもありましたが、これが効果的でした。先生は適切な質問をし、リサから話を聞くことで、キャプテンの発表以降どうしていいか分からなくなっていた彼女を、再び自分でコントロールできる状態に戻し、心の重荷を取り除けるようにしました。

私たち教師は、フランクリン先生の行動から多くのことが学べます。以下に、フランクリン先生がとった行動であり、あなたが生徒に対してどのように接するとよいのかに関する例を挙げていきます。

不安な心をサポートする方法——目にするものだけで判断せずに問う

不安というものは「静かな」病です。身体的なものでもなく、目に見えるものでもありませんし、生徒によっても、日によってもその症状は異なります。このことから、不安は物事の捉え方に関する程度が問題となってきます。

キャプテンに選ばれなかったことでリサが孤独感や挫折を感じてパニックになってしまったという事例を、過剰反応だ、と考える人もいるでしょう。グレースが二塁ベースを設置するときに感じていた不安を思い出してください。ヘンダーソンコーチから見れば理解のできないことでしたが、グレースにとっては、抱えている不安によってどうしようもできない状況だったのです。

教師は、不安を抱えている生徒をサポートするために、目にしている状況は見て理解できることばかりではない、という事実を頭に入れておく必要があります。ある人にとっては大したことでなくても、ほかの人にとっては違うのです。それは、生徒がまだ幼く、経験が少ないから大変なのではなく、逃れようのない不安な気持ちが次から次へと湧きあがってくるからです。

指が汚れてしまうとか、キャプテンに選ばれるという問題ではなく、失敗、力不足の露呈、自分をコントロールできなくなる、周囲を失望させてしまうといった強い恐怖心から来ているのです。このような生徒が、何を感じ、何を経験しているのかを理解するために、教師はまずフランクリン先生がとったような行動をすべきなのです。

よく見る

どうしていいのか分からないことに対して、「見て見ぬふり」をするということは簡単です。人生においては多くのことが日々起き、毎日の生活でいっぱいいっぱいになってしまうということがよくあります。しかし、教師として忙しい日々を送っているとしても、本当に大切なことには気づけます。

学校は、すべきことを個々の生徒がこなす場ではありません。教師は、生徒を教育することが仕事とされていますが、生徒の感情と社会性にも気を配らなければ教育は成立しません。教師は、何かが「違っている」ことに気づかなければならないのです。不安を抱えている生徒たちは、困難を抱えていることに気づいてくれるだけでなく、フランクリン先生のように話しかけて、対応してくれる教師を必要としているのです。

フランクリン先生は、優秀な生徒が何もせずに机で泣いている姿を目にしました。彼にとっては、声をかけるだけの十分な状況がそろっていました。生徒をよく見ることがまず重要で、そこから効果的な対応へとつながっていくのです。

尋ねる

何かあまりよくないことが起きている状態を、目で確認するだけでは十分ではありません。フランクリン先生は、リサがいつもと「違っている」と気づいただけで終わり、とはしませんでした。何をすべきかを考えるために、先生は質問をしたのです。単に問題を見つけて、よくある解決策を当てはめたわけではなく、解決策を生徒と一緒に考えることにしたのです。何か困難を抱えている生徒を見かけたら、以下のような質問をしてみてください。

今、あなたが感じていることを教えてくれませんか？

生徒が何を感じているのかが明らかな場合でも、どのようなことを感じているのかと尋ねることは、彼らに言葉で表す機会を与え、自らコントロールできるような感覚を与えることになります。この感覚を失ったとき、不安は大きくなってしまうのです。また、質問に対する返事によっては、苦しんでいる理由がよりはっきりと見えてくる場合もあります。

今、あなたに起きていることを教えてくれませんか？

不安症から来る不安は、はっきりとした理由があって湧き起こってくる感情ではありません。ある一つの出来事が不安を引き起こし、急なパニックに襲われたり、心配事や居心地の悪さを感じさせたりします。その症状によって心が弱っているとき、苦しんでいる人は無力感を味わうことになります。

しかし、このような質問をすることで何が起きているかを生徒が考えはじめるほか、自らをコントロールするようになりますし、さらに、教師にその後の解決方法を考えるきっかけを与えてくれます。

何か私にできることはありますか？

尋ねてもいないのに、何をすべきかと指示されるという状態は誰しも不快なものです。一方、サポートをしようという想いは誰にとってもありがたいものです。相手が必要としていることを知ろうとしたり、相手のことを思って自分に何ができるのかと尋ねたりすることは、素晴らしいリーダーやキャプテンがもつべき資質だといえます。

多くの場合、生徒は「分からない」や「とくにない」といったように無愛想な答えをするものです。ですが、そのまま受け取ってはいけません。彼らは、あなたが示してくれた「サポートしようという姿勢」を嫌がっているわけではないのです。実際には、彼らがもっとも必要としていることをあなたがしているのです。

フランクリン先生は、行き過ぎとはならないレベルでリサをサポートすることができました。先生は、「どうしたんだい？」、「何かあった？」という二つの大切な質問をすることからはじめました。このような質問であれば、具体的なことには触れませんし、リサが動揺することもありません。

彼は、まずはしっかりと聞くことにしたのです。リサの感情を押さえ込むような判断を下してしまったり、リサの行動を正当化することもなく、何が起きているのか、なぜそのように感じているのかについて、リサに話してもらったのです。

フランクリン先生は、リサに手を貸すために何ができるかを続けて尋ねました。求めてもいないようなアドバイスをすることもありませんでした。彼女にとって必要なことを言葉にさせ、置かれている状況に対するコントロール力を取り戻させる機会をつくったのです。

それから、「小テストは今日受けたい？」とか「コーチに僕から話をしたほうがいいかな？ショーコーチにも伝えようか？」と、具体的でありながらも不安を感じさせないような提案をしていました。

ほかにも、「一緒に深呼吸をしよう。しっかりと気持ちが整ったら一緒に教室に戻ろう。いいね？」と、リサと一緒にできることを提案していました。このことによって、不安から来るリサの疎外感や孤独感を取り除いたわけです。

よく見ることと尋ねること、これらが科学的な手法における最初のステップであることには理由があります。生徒を見て気づいたことに対する原因の推測は、たとえ経験から判断できそうなことであっても、生徒に尋ねるまですべきではありません。尋ねてから、どのように手を差し伸べるのかについて考え、その効果の程度を見極め、不安な心をサポートするための計画を立てることが必要です。

短距離走ではなくマラソンのつもりで

大学生のとき、私は夏の間フルフィルメント[2]の会社で働いていました。業務は単純なもので、発送の業務から品質管理検査までを請け負っていました。業務の大きさによってかかわる従業員の数が決められ、時には大規模な郵便や梱包発送ということもありましたが、主な業務はスニーカーで有名な「リーボック社」の品質管理でした。

業務そのものは、特別大変なものではありませんでした。基準に沿ってシューズを点検し、良い（A）または悪い（B）と分類していました。Aのスニーカーは小売店でそのまま販売され、Bのスニーカーはディスカウントショップに持ち込まれることになります。私にとって大変だったのは、その業務の規模と単調さでした。時には五万足のスニーカーが一二足ずつケースに入れられ、二〇から二四ケースがひとまとまりになった形で荷台に乗せられてわたされるのです。

上司が荷台を持ち込むと、私たちは作業を開始しました。荷台は巨大なもので、積みあげられたスニーカーで向こう側が見えなくなりました。音楽をかけ、一つ一つ作業を行っていきます。山が少しずつ減っていくのを見て、もうすぐ終わるという思いで、頑張って作業をしていきました。ところが、最後のケースに取り掛かろうかというところで、上司が新たな荷台を持ってくるのです。最後だったはずのケースを一番上に置いて、達成間近だった業務はふりだしに戻ってしまいました。

このとき、私の呼吸は浅くなり、脈も速くなっていました。フラストレーションから来る涙を耐えていることもありました。気がつくと、際限なく積まれた荷台がある倉庫を見わたしながら、もうすぐ終わりになるのではないか、と期待してしまっている自分がいました。

肉体的にきつい仕事のうえ、達成感がまったく得られませんでした。完全にまいってしまいそ

（2）（fulfillmennt）商品の受注から発送までのプロセスを代行することです。

うでした。作業は永遠のように続き、毎日、同じ作業の繰り返しなのです。それは、トレッドミル（ランニングマシーン）の上を、時間や距離を決めることなく走り続けるような状態であり、終わりを知らされないという苦痛を味わいました。いうまでもなく、不安を抱えている私にとっては耐えられないものでした。

教育に携わるようになり、管理職として、複雑な課題をスモールステップ(3)にしている個別の指導計画を見てきました。これは特別支援教育において効果的な方法の一つですが、実は不安を抱えている生徒に対しても効果があるのです。

フルフィルメントの会社で働いていたときに私がすべきだったのは、自分で目標を決めることだった、と今では分かるのですが、そのときにはどうしたらいいか分かりませんでしたし、そうすべきだということにも気づきませんでした。私の達成感は、倉庫の経営者、いってみれば教師である人たちに委ねられていましたが、彼らが何かをしてくれることはなかったのです。

教師は、不安を抱えている生徒たちに、できるようになっていると感じさせる必要があります。前述したアルバイトの例であれば、作業を「こなせる」と思えるような状態にしたり、達成感のような見返りがすぐに感じられるような環境づくりが重要だということです。

不安な心をサポートする方法——達成できそうな小さな目標をスモールステップで提示する

不安というものは、短期間だけ生徒に影響を及ぼすものではありません。一度感じてしまうと、ずっと付き合っていくことになるものです。不安との付き合いはマラソンであって、短距離走ではありません。不安を抱えている生徒は、最終的な目標はなかなか達成できない、と取り組む前に感じてしまいます。つまり、最終的な目標まで努力を続けなければならないと感じてしまうのです。

そんな彼らには、達成できそうな目標をスモールステップで提示して、徐々に目標へと近づいていくことが重要となります。それぞれの小さな目標は、次につながるようなスモールステップであるべきです。目標を達成するごとに彼らは自らの成長と進歩を感じますし、より大きな目標に向かって進んでいると実感するようになるのです。

不安を抱えている生徒に向きあうときには、不安を取り除くことを目的とするのではなく、どのように付き合っていくべきかを彼らに学んでもらうことが大切となります。毎日、原因となる

（3）複雑な課題を段階ごとに分けて、少しずつ習得できるようにしていく方法です。

ものや新たな症状が現れてきますが、スモールステップで達成可能な目標を設定していくことでそれらへの対処が可能となります。

教師として、生徒が不安を感じていることに気づくだけでなく、どのように対処していくことができるのかについて考えなければなりません。生徒たちには、スモールステップとなる目標を設定することで症状を乗り越え、教室の中で達成感が得られる、と伝えましょう。以下のような方法を用いれば、大きな課題であっても、スモールステップで達成可能な目標に分けて考えられるようになります。

一五分ルールを採用する

不安を抱えている人は完璧を求めてしまうものです。うまくいかないという現実や恐怖感によって不安は高まっていきます。パニックになってしまうと、不安を抱えている生徒は最終的な目標しか見えなくなってしまいます。たとえそれが四二・一九五キロ先にあるものであっても同じなのです。

教師は、自分の専門性や知識をうまく活用し、生徒たちが小さな目標に目を向け、大きすぎる目標に戸惑わないようにしてあげる必要があります。完璧にすることも不可能ではないでしょうが、不安を抱えている人にそのことを言葉で理解してもらおうとしてもうまくいきません。

そのような生徒には、取り組むべき課題をスモールステップにし、「まずはこれに取り組もう」と初めの一つを示し、集中して取り組みはじめたら、「一五分でこれを終わらせてみよう」と伝えるのです。改めて彼らに注意を促すことで不安を軽減し、気持ちを正常な状態に戻して、生徒自身が感じていることを言葉にする機会を与えるのです。

これは、気持ちのコントロールができるようになる一つの方法となります。スモールステップに分けて、課題を小さなものだと感じられるようにするのです。そして、一五分後にはしっかりと確認し、新たな課題を提示していきましょう。

「To-Do リスト」をつくる

何歳であっても、生きるというのは大変なことです。責任は大きくなり、不安を感じてしまうという機会が増えていきます。一回目の挑戦では簡単に達成できないと感じたとき、生徒は優先順位をつけることとの大切さに気づくでしょう。そこで「To-Do リスト」のつくり方を教え、どのような効果があるのかについて説明するのです。

まずは、やらなければならないことをリストアップさせます。そして、そのリストに優先順位をつけさせます。数字で示したり、順序が分かるように書き直しをさせてもいいでしょう。課題をやり終えるごとに線を引いて、リストから消していきます。これは、達成感が得られる方法となります。今でも私は、リストに線を引いていくことで充実感を味わっています。「一つ減った」と、いつも自分に言い聞かせています。

「To-Do リスト」をつくることは、次の一五分間で何ができるかを考えさせる方法となりますし、間接的ではありますが、目の前の不安から抜けだすきっかけともなります。手はじめに、ここからはじめてみましょう。

確認する

不安と向きあうというのは、一回きりのことではありません。慢性的なもので苦しんでいる生徒には何度も症状が現れます。支障をきたすものを一つ乗り越えたからといって、その後、同じような症状が現れないとはかぎらないのです。同じように、教師が不安を抱えている生徒と一緒になって状況をうまく切り抜けたとしても、あとになって、その生徒が対処方法を身につけていなかったことが分かったりもします。

教師がすべきことは、不安による症状に対処した翌日に確認をすることです。生徒に「To-Do リスト」を見せてもらい、うまく使えているのかどうかを確認したり、その日の不安の状態が「1」から「10」のどのあたりにあるのか、と尋ねたりするのです。また、前日と比べてその状態が改善されているのかどうかも尋ねるようにしてください。

さらに、生徒が行った「To-Do リスト」以外の解決策について尋ねたり、「今日の調子はどう？何かできることはある？」と尋ねるだけでもいいでしょう。声をかけて教師が確認すれば、生徒の孤独感は小さくなります。さらに、彼らの行動変化を見ていくことにも役立ちます。

前へ進む

ライフスタイルを簡単には変えられないように、不安を抱えている心を変えていくためには時間と練習が必要です。教師は、生徒が自分なりの対処方法をつくりあげていく様子を積極的に支援するべきです。そのためには、具体的なステップを踏む必要があります。よく見て、尋ねて、実行するのです。

生徒の行動変化を教師がよく見れば、いつ手を貸すべきかが分かるようになります。適切な判断をするために不安を抱えている生徒に尋ねることは、達成可能なスモールステップの目標を考える際に役立ちます。それによって、不安を抱えている生徒は乗り越えることができるのです。

フランクリン先生は、この三つを適切に行っていました。苦しんでいるリサをしっかりと見て、尋ねて、リサが話しやすい先生に相談したり、小テストをあとで受けるようにしたりと、前へ進むためにできることを提案しました。もし、私がこのような方法を若いときに教わっていたら、フルフィルメントの会社であんなにも苦しむことはなかったはずです。

だからこそ、不安を抱えている生徒のそばにいてくれる教師の存在が重要なのです。そのような教師たちは、学校内外を問わず、生徒が不安に対処するために一生使える方法を教えてくれるからです。

考えてみましょう

❶誰かがそばでサポートしてくれたことを覚えていますか？　そのとき、何をしてくれましたか？

❷生徒をサポートするために、どのような言葉をかけることができますか？

❸大きな目標だけではなく、目の前にある目標に生徒が集中するために、あなたには何ができますか？

第3章

手を取って進む

不安を抱えている生徒と一緒になって、生涯にわたって使えるスキルを身につける

人生は、襟をつかまれて
こう言われることを望んでいる。
「一緒にいるよ。共に歩こう」
（マヤ・アンジェロウ）*

（*）（Maya Angelou, 1928～2014）詩人。キング牧師とともに公民権運動に参加し、1993年にはクリントン元大統領の就任式において自作の詩を朗読しました。2011年に大統領自由勲章を受章しています。

教師が直面する大きな困難の一つに、生徒が成長するたびに高まる、自立に対する欲求が挙げられます。幼いころからそれははじまっており、イヤイヤ期の二歳児は頑固な自立心をもっており、すべて自分でやらなければ気がすまなくなっています。

このような感情は、多くの子どもたちにおいて見られることですが、その表れ方は人によって異なっています。

たとえば、自分でうまく靴が履けないとき、「どちらの靴がどちらの足のものかは知っている」と言って靴を部屋に放り投げてしまったり、自分が完璧にできないことへの不安を抑えるために授業をサボるようになるのです。

このような生徒に対して教師は、抵抗されたとしても、どのような行動をとればうまくいくのかについて示せる方法を見つけなければいけません。

本章では、とんでもない量の課題やどうしようもないような状況に対して、どのように対処していけばいいのかについて教師が示す方法を考えていきます。それは、直接すべきことを教える場合とは違って、不安を抱えている生徒と一緒になって、生涯にわたって使えるスキルを身につけさせるという方法になります。

自分のペースを保つ

キャラハン先生は、生物のＡＰクラス[1]を一〇年近く教えてきましたが、いつも適切な最終課題を出すことに悩んでいました。五月に生徒は、九か月にわたって学んできたことが試されるカレッジボード[2]のＡＰ試験を受けなければなりません。しかし、キャラハン先生は、この試験のスコアを年度末までに知ることができないため、成績をつけるために別の課題を授業において出す必要があります。そうなると、生徒は一か月の間に二つの重要な試験を受けることになってしまうので、キャラハン先生は課題を出すことをためらっていました。とはいえ、一方で彼女は、生物を教えるうえにおいて重要だと考えている科学的なスキルについてはテストをしたいと考えていました。

最終課題のデザインを何度も行ってきましたが、彼女はもう一度だけ挑戦してみようと心に決めました。九か月間で扱った内容を気にすることなく、探究的な実験の設計、実験、そして分析

(1)　五ページの注を参照してください。
(2)　大学入学試験協会（College Board）のことです。

という科学のスキルを扱おうと決めたのです。

これまでの授業の各単元においてキャラハン先生は、一週間、生徒たちに実験をさせてきました。彼女が投げかけた問いに対して、生徒たちはグループに分かれて調査をし、仮説を立て、実験を設計して実施していきます。その実験によってデータを集め、結果を分析して結論を出していくのです。

各グループの実験プロセスが異なるため、生徒たちはどのような実験をしたのかについてプレゼンテーションを行います。プレゼンテーションについては、事前にルーブリックが提示されており、成績がつけられます。このような形で、年間を通して生徒は科学的なスキルを実践するようになっているのです。

この年の最終課題として、最後にもう一つだけ実験をしようとキャラハン先生は考えていました。それは、植物に関する探究的な実験です。これまでと同じく、評価基準を維持しつつ、キャラハン先生は生徒たちに問いから考えさせ、一連の実験プロセスについてプレゼンテーションをさせることにしました。その内容は、本質的にサイエンスフェア(3)のプロジェクトと同じです。同じ評価基準となっているルーブリックと植物を扱うということ以外は、自由にプロジェクトが設計できます。

最低二週間分のデータを収集する必要がありましたが、キャラハン先生は、三月にプロジェクトをはじめることによって、クラスにプロジェクトの準備やデザイン、実験および分析をするために必要な時間を確保し、五月末にプレゼンテーションを行えるようにしました。さらに、すべての問いをキャラハン先生に伝えるようにしてもらうことで、全員が独自かつ安全で、やりがいがあり、科学的なプロジェクトをしていることが確認できるようにもしました。

年度末のＡＰ試験が近づくと、生徒全員がしっかりとプロジェクトを行えているという前提で、キャラハン先生は最後の二週間を試験のための復習と演習の時間としました。その一方で、期限の書かれた一週間の予定を提示するとともに、授業の最後には、口頭においてプロジェクトの期限を伝えるようにしました。

そして当日、キャラハン先生は生徒のプレゼンテーションを見ることを楽しみにしながら授業を迎えましたが、実際、各グループのプロジェクトの発表に彼女は満足しました。計算ミスなどといった誤りはありましたが、彼らのプロジェクトは素晴らしいもので、生徒たちはみんな本当の科学者のようでした。いくつか小さな改善点があったにせよ、キャラハン先生にとっては、これこそがずっと求めていた最終課題であると思えたのです。

（3）　学んだことを応用しながら、型にとらわれることなく考えられる空間になっています。日本でも、多くの学校をはじめとして、さまざまな場所で開催されています。

プレゼンテーションの最後にキャラハン先生は、「全員が参加できましたか？」と生徒たちに尋ねました。参加できなかったという生徒はおらず、キャラハン先生はプロジェクトが完結し、課題は成功であったと確信しました。

しかし、成績をつけていくとき、ジャレッドの名前がどこにもないことに気づきました。すぐにキャラハン先生は、ジャレッドは参加していなかったのではないかと思いはじめました。彼はAPの生徒であり、プロジェクトのある部分まで取り組んでいたことはまちがいありません。一年を通して、ジャレッドは少し苦労しながら授業についてきましたが、最後の課題が成績に大きくかかわることを知っていますから、やらずに終えるということは考えられませんでした。

次の日、最後の授業に生徒が集まってきたとき、キャラハン先生は廊下でジャレッドに声をかけました。

「成績をつけるときにあなたの名前が見当たらなくて……プレゼンテーションでもあなたを見た覚えがないんだけど、どのグループにいたの？」

「どのグループでもありません」ジャレッドが答えました。

「一人でプロジェクトをしたの？」

「そのつもりでした」

キャラハン先生は心配になってきました。

「終えることはできたの？」

「いいえ」

「ジャレッド、このプロジェクトは最後の成績にかかわるのよ。とても重要なの。何か提出できるものはないの？」

「ありません」

「ゼロ点でいいということ？」

キャラハン先生は困ってしまいました。このような状況は今までなかったのです。

「これは成績にかかわるの、分かってる？」

「分かっています」

「もっと早くに教えてもらいたかったな、ジャレッド。何かできたかもしれないのに。これから成績を出すけど……変に悪い影響が出ないといいんだけど……」

ジャレッドは肩をすくめて床を見つめていました。キャラハン先生とは目を合わせようとしません。先生との話が終わると、ジャレッドは教室に入っていきました。ちょうどそのとき、キャラハン先生は同僚の先生を廊下に見つけたので声をかけました。

「彼、最後の課題をやらなかったの。ＡＰの生徒なんだけど……」

プロジェクトの期限よりもずっと前からこの問題は起きていたということにキャラハン先生は気づいていませんでした。ジャレッドは、不安な思いからやらなければいけないことを避けていたのです。ここまで、苦労しながら授業についてきている様子には気づいていたキャラハン先生ですが、何が起きているのかを知るために「声をかける」という機会を逃していました。最後の課題を提示する前にジャレッドは不安で押しつぶされてしまい、プロジェクトに手をつけないという選択をしてしまっていたのです。

ジャレッドに単位が認められないとなったとき、管理職が説明を求めました。キャラハン先生は、期限を数週間前にも繰り返し、確認したと説明しましたが、管理職はより詳細な説明を求めていました。生徒が順調に行えるように課題をいくつかに分けたり、必要なフィードバックをするためにチェックポイントのようなものを設けたのか、ということです。

最終課題のプロジェクトは素晴らしいものでしたが、その実施においては改善要素がありました。キャラハン先生は、そのプロセスにおいて生徒の理解を確認する必要があったのです。もし、そのような機会を設けていれば、ジャレッドの様子を提出期限よりも前に把握できたほか、彼の不安な思いが成績に大きく影響しない形がとれたかもしれないのです。

管理職は、ジャレッドが本当に授業の内容や課題を理解していないのかどうかが判断できないとして、キャラハン先生に対して、ジャレッドにもう一度機会を与えるようにと求めました。彼女はそれに従い、ジャレッドの単位は認定されました。

不安な心をサポートする方法——授業の目標は変えず、サポートの方法を変える

私たちの教室には、今はまだいないとしても、ジャレッドのような生徒が必ず存在します。教師は、成績に大きくかかわり、何週間も、または何か月もかけて行うような課題を出しますが、大きな課題に対しては、提示の方法やサポート方法を考える必要があります。教師は、生徒が成長するためのファシリテーターであり、メンターなのです。生徒たちにどうしたらうまくできるのかを提示し、生徒のモデルになる必要があります。

さらに、不安を抱えている生徒にはより多くのガイダンスが必要となります。課題に取り組みはじめるにしても、何時間、何日とかかります。定期的なサポートは不安を抱えている生徒にとっては大きな助けとなり、取り組みを諦めてしまうといった状態を少なくします。

不安というものは、誰にでも起こり得る病です。あらゆる学力の生徒に影響を与えます。実は、不安を抱えていることに気づくのが難しい生徒は、習熟度別クラス編成などで上級クラスやＡＰクラスにいる生徒なのです。私たちは、学業優秀な生徒に不安はないと考えてしまいがちですが、正反対の可能性があるほか、学業面での優秀さが強い不安の裏返しであったりするのです。

多くの教師は、生徒たちのGPA(4)やSAT(5)スコア、テストの順位などといった優秀さだけで生徒の成績を見がちです。しかし、多くの生徒にとっては、それらを達成するために必要とされる感情的な負担も重要な要素となっているのです。

- ジョニーは『ハムレット』の小論文を書く際、書いてはデリートボタンを押し、またはじめるという作業を何度繰り返しているでしょうか?
- ジョゼは、第二次世界大戦の単元末試験に向けて何時間勉強したでしょうか?
- ハナは、正確さを求めてノートの書き直しを何度しているでしょうか?
- 植物プロジェクトをはじめようとしたとき、不安に襲われてやめてしまったことがジャレッドに何度あったでしょうか?

上級クラスにいるかどうかにかかわらず、不安をコントロールするために生徒は、不安を引き起こす原因に対処する方法を学ぶ必要があります。もし、課題によって不安が増幅してしまいそうだからといって課題から逃れてしまいそうなときは、やめるのではなく、その課題の基準や範囲を確認して、どうしたら課題に少しずつ取り組んでいけるのかと考えるべきです。ジャレッドは最終課題の重要性を理解していましたが、うまくできないのではないかという不安から、やらないほうが楽だ、という選択をしてしまいました。この状態は「回避」(6)として知られています。

授業において、不安を抱えている生徒に課題を出しても問題はありませんが、ここまで見てきたように、教師が「必ずしもやる必要はない」と生徒に伝えてしまうと不安な気持ちを増幅させてしまいます。不安を抱えている生徒でも取り組めるように、以下のような選択肢を考えてみてください。

複数回の「ピット・ストップ」で燃料を補給する

どんなに高性能なマシンであっても、レースを終えるまでに何度かのピット・ストップ[7]が必要です。「インディアナポリス５００[8]」でも、インディ・カーは平均で五回のピット・ストップが必要となっています。もちろん、燃料の消費量や車体の傷み、タイヤの摩耗などといった多くの

---

(4)（Grade Point Average）科目の成績の平均値のことです。多くは四段階なので、４・０が最高となります。

(5) アメリカの高校生が受ける、大学進学適性試験の得点（Scholastic Assessment Test score）のことです。

(6) これを「挫折ポイント」と捉えて、回避方法を探究し、実践し、本を著した教師たちがいます。『挫折ポイント』のパート1では、「挫折ポイントを理解する」ための三つのポイントが、パート2では「挫折ポイントを回避する」ための具体的な方法（本書で紹介されているもの以外）が紹介されていますので参考にしてください。

(7) モーターレースでレースの間にマシンの修理や調整、給油などを行うことです。

(8) アメリカ、インディアナ州で毎年五月に行われるモータースポーツイベントです。「インディ５００」として知られています。

要素によって回数は変わりますが、インディ・カーは、五〇〇マイルをピット・ストップなしで走りきることはできません。

これは、生徒たちも同じです。生徒たちには、大きな課題に対してはスモールステップに分け、達成可能なチェックポイントを設けて進めていくという方法を教えましょう。

キャラハン先生は、最後の提出期限の日を設定するだけでなく、いくつかの締め切りを設けるべきでした。まずは、実験を行うための問いをつくる締め切り日を設定し、続いて仮説を立てたり、実験に必要な道具や手順を考えたりするために一週間ほどの時間をとるのです。そうすれば、生徒の計画を確認するだけでなく、彼らのやりたいことに対してフィードバックを行うことができますし、不安を抱えている生徒もプロジェクトが現実的だと捉えられるようになります。生徒の計画を少しずつでも知ることができれば、実施可能な計画を立てるための手助けができるのです。

さらにキャラハン先生は、生徒たちが準備した実験装置の写真を撮ってもらうこともできたでしょう。それによって、本当に実験の準備ができているのかについて確認できます。また、収集したデータや分析を提出する日も設定できました。このようにすれば、結論を提出する最終提出日までに、不安を抱えている生徒の進捗状況を一つずつ確認することができます。

植物プロジェクトにおいて、キャラハン先生が複数回の「ピット・ストップ」を用いて進める

表　植物プロジェクトを用いた「ピット・ストップ」の例

植物プロジェクト - 最終計画
AP 生物
Ms. キャラハン

以下の日付と説明は、プロジェクトの一部を提出するチェックポイントとなります。
コメントをしますので、私（mscallahan@email）とグーグルドライブで共有してください。

みなさんのプロジェクトについて、順調に進んでいるか、データを集めるための２週間が確保できそうか、分析と結論が最終試験までに完成できそうかを確認していきます。

４月24日（月）	実験のデザイン／方法論についてのプレゼンテーション。（写真は不要）
５月５日（金）	写真付き（実験器具が設置されているはずです）の実験のデザイン／方法論のプレゼンテーション。前回の修正点を改善しておくこと。
５月19日（金）	写真付きのデータ（２週間で集めたデータを確認します）までを含んだプレゼンテーション。前回の修正点を改善しておくこと。
最終試験	クラスで（結論までの）完成したプレゼンテーションを行う。

（注）これによって、ジャレッドのような生徒も確実に進めることができます。

ことができていれば、ジャレッドも最後までやり遂げられたでしょう。また、事前にジャレッドの進捗状況にも気づくことができ、プロジェクトを回避しようとしている様子に対処できたはずです。

重要なことは、課題をスモールステップに分けることと、それができるようにやり方をジャレッドに見せることです。生徒たちに途中で課題提出をさせ、「ピット・ストップ」を求めることは、不安を乗り越えるための機会を与えるだけでなく、より質の高い課題に取り組む可能性を増やすことになります。

生徒「に（対して）」話すのではなく、生徒「と（一緒に）」話す

キャラハン先生は、口頭で締め切りや課題を通して達成してほしいことを繰り返し伝えることで、生徒が課題に対して十分に取り組めると考えていました。さらに彼女は、自分は生徒にとって話しかけやすい教師だと信じ込んでいました。そのことは、ジャレッドに対する「もっと早く言ってほしかった。何かしてあげられたのに」という言葉によく表れています。

しかし、生徒自らが判断して行動するようにと委ねてしまうのではなく、定期的なやり取りができるように教師から働きかける必要があります。進捗状況の確認をするために、グループでのカンファランスを頻繁に行ったりすると効果的です。週に一度はグループになって、その時々の

状況を確認するための時間を設定するのです。

各グループでのカンファランスの間に、教師は教室を歩き、それぞれのグループに対して「どのような状況になっているのか」と声をかけていきます。まずは、「プロジェクトはどの程度進んでいるの?」と尋ねるのがよいでしょう。そして、次のステップとして、何を考えているのか、誰がどこに対して責任をもってプロジェクトを進めているのか、と尋ねてみるのです。

もちろん、教師としての支援も提供します。「プロジェクトの次のステップを達成するために何かサポートが必要ですか?」と尋ねたり、次の確認機会までに進めておくべきことを伝えましょう。

このようなやり取りをグループごとに行えば、教師と一対一で話すことに対する生徒の不安が小さくなります。いうまでもなく、本物の学びとそれを可能にする教え方は、生徒と教師が一緒になって意味のあるやり取りをしているときに生まれます。生徒「と」話すということは、とても重要なのです(9)。

(9)　この最後の部分は、「カンファランス」という教え方こそが授業の核となることを提唱しています。より詳しくはQRコードを参照してください。

固まった考えをほぐす

生徒たちは、プリスクール[10]に通いはじめてから高校を卒業するまでの一二〜一四年間、規則正しい生活を送ることになります。たしかに、規則正しいルーティンは、生徒が不安に対処する際には効果的な方法となりますが（第9章を参考にしてください）、生徒にあったルーティンがつくられるような機会を提供する必要が教師にあります。

私たちは、既存の枠にとらわれず、固まってしまった考えをほぐして、新しく必要となった方法や仕組みが校舎や授業に組み込まれるように考えなければなりません。それらには、すべての生徒が対処していかなければならない、感情と社会性に関する課題[11]と向きあう時間も含まれています。

たとえば、生徒が自分のペースで学習したり、課題を整理したりと、学びを自分で決められる時間を週に一度か二度とれば、生徒自身が大きな課題をスモールステップにすることができます。もし、学校の時間割に生徒が柔軟に使える時間となる「フレックス・タイム」が組み込まれていないのであれば、あなたのクラスだけでも取り組んでみてください。生徒に授業の課題がどの程度進んでいるのかと尋ね、そこからさらに進めるために、「何かできることはありますか？」と尋ねるのです。さらに、最近進めた部分に対するフィードバックを提供しましょう。そのことによって、生徒はさらにやる気が増します。

フレックス・タイムを取り入れれば、生徒にとって適切なルーティンをつくったり、不安に対処する方法が自らつくれる機会を学校において提供できるようになります。フレックス・タイムがキャラハン先生の学校や授業で取り入れられておれば生徒のプロジェクトに対するサポートができたでしょうし、ジャレッドのような生徒もプロジェクトを進めることができたはずです。

手を差し伸べる

ジェインは、なんでもこなせる少女でした。一〇年生になったとき、それが変化するとは思っていませんでした。九年生（高校の一年目）では、想像どおり、一〇代のドラマがたくさんありました。

ジェインはすべての授業をこなし、秋になって学校に戻ることを楽しみにしていました。しかし、夏を経て彼女に変化が現れました。友達と出掛ける前や就寝する前、そして家族との夕食の

(10)　二～五歳の未就学児を預かる教育機関です。アメリカでは主にプリスクールに通ったのちに一年間の幼稚園（年長組に相当し、小学校に組み込まれているケースが多いです）に通い、初等教育、中等教育と進みます。

(11)　この点に関しては、日本の教育はまだ認識が欠落している部分かもしれません。『感情と社会性を育む学び（SEL）』が参考になります。

時間などで、理由も分からずに強い不安を感じるようになったのです。この不安がこれからも続いていくのだろうかと、学校のはじまりが「楽しみ」から「心配事」へと変わっていきました。

新年度がはじまりましたが、ジェインの不安感が弱まることはありませんでした。パニックが、休むことなく襲ってくるようになっていました。同じ学校の最終学年にはお姉さんがいましたが、頼りにできるほど近い学年ではありませんし、そもそもジェインは、お姉さんの最後の一年を邪魔したくないと思っていました。ジェインのお姉さんがもっとも避けたかったのは、妹の不安によって右往左往させられることだからです。

ジェインは年度のはじまりの状況を、「きっと大丈夫だ」と楽観的に捉えようとしました。不安と向きあうためにできるかぎりの手を尽くしましたが、時には押しつぶされてしまうこともありました。何が自分に起きているのか分からないまま、彼女はパニックを起こしそうな物事を避けるようになっていきました。授業や人とのやり取り、課題などです。ジェインにとっては、一人で不安に向きあい続けるほうが楽に思え、彼女の感じていることは誰にも分からないのだという思いになっていました。

しかし、ジェインの孤独な闘いは、授業に出ないために呼び出しを受けたことで終わりを迎えました。よくないと分かっていましたが、どうしたらいいのかが分からず、授業時間をトイレで過ごしていたのです。とにかく、「授業に出られないんだ」と言ったところで、誰もジェインの言葉を信じてはくれないだろうという思いからの行動でした。

　呼びだされたジェインがオフィスに入ると、副校長のコネリー先生が待っていました。

「あなたについて報告がありました。分かっていますか？」と、コネリー先生が尋ねました。

「いいえ」

「分からない？」コネリー先生は驚きの表情を見せました。

「とくには」

「昨日の数学の授業に出ましたか？」

「いいえ」気まずく思いましたが、ジェインには嘘がつけませんでした。

「どこにいたの？」

「トイレです」ジェインが答えました。

「授業中ずっと？」コネリー先生には、トイレで生徒が五〇分以上も過ごしていたことが信じられませんでした。「どうして、そんなに長く？」

「不安で怖かったからです」ジェインは答えました。

「なぜ、保健室に行かなかったの？」

「人に話したいと思わなかったからです」

「不安を感じることはよくあるの？」コネリー先生がさらに尋ねました。

ジェインは自分で抱え込むことはもう無理だと感じ、すべてを話すことにしました。この状態は夏からはじまり、まだ母親以外には伝えていないことをコネリー先生に話したのです。そして、母親は、ジェイン自身に起きていることについてまだ理解していないと、感じていることも話しました。

コネリー先生は、ジェインの状況は大したことではないと伝えるのではなく、次に不安を感じたときにはオフィスに来るようにと言い、カウンセラーは、勉強だけでなく、困ったことがあったときや感情面のサポートをするためにいる、と告げました。そして、また面談ができることも伝えました。

「じゃあ、教室に戻って。また不安を感じたらここに来て。トイレで時間を過ごすんじゃなくてね。いい？」

コネリー先生はジェインに微笑みかけ、微笑み返してくれるのを待ちました。

「分かりました」ジェインはそう言って、コネリー先生に対してかすかに微笑みました。

生徒にとっては、教師こそがサポートとなるべきです。生徒たちには、教師は授業をするだけでなく、将来自分で対処できる方法を教えてくれる存在なのだと伝える必要があります。

このときから、ジェインが不安で授業に出られないと感じたときは、コネリー先生に言われたとおり、彼女のオフィスに行くようになりました。二五分程度静かな時間を過ごしてからジェインは教室に戻り、一日を終えることができました。

ジェインは学校カウンセラーと面談をするようになり、医者にも不安について話すようになっていきました。不安やパニック発作があることを打ち明けたことから、定期的にジェインはカウンセリングに通うようになりました。

コネリー先生は、ルールを厳守するよりもジェインへのサポートを優先し、ジェインを適切に救いだすことができたのです。ジェインが授業に出られないことは問題でしたが、コネリー先生は頭ごなしに「授業に出なさい」と言うのではなく、なぜジェインが授業に出られないのかを見極めようとしたのです。

不安な心をサポートする方法——助けてくれる人がいることを生徒に示す

多くの生徒は、どんなサポートが存在しているのかについて知りません。私たち教師は、その内容を伝え、生徒が不安への対処法を身につけるための手助けをする必要があります。

完璧な世界では、どのようなシステムや団体や組織でも、ほかに頼ることなく、効率よく、問題なく動いています。私たちの体においても同じことがいえますが、必ずしもいつもうまくいくわけではありません。時に私たちは病気になります。病気と闘い、時には打ち勝ちますが、時にはうまくいかずに医者や薬の世話になります。自分だけではどうにもならないと認めれば対処法を見つけることができ、私たちは成長していくのです。

生徒は、苦しんでいるときでさえも、自分は問題ないと思い続けることがよくあるものです。弱さを認めることは、自分の居場所を探している年代の生徒たちには難しいのです。そのような生徒にとっては、教師というサポート役が必要となります。生徒たちには、教師は授業をするだけではなく、将来にわたって不安に対処できる方法を教えてくれる存在なのだと伝える必要があります。

以下のような方法で、どのようにすればサポートを得ることができるのかについて生徒に伝えてみてください。

サポートスタッフを紹介する

精神疾患に対する悪いイメージは、セラピストやカウンセラーといったサポートスタッフにまで影響を与えてしまっています。学校のなかでサポートスタッフがあまり目立たないのは、このような理由によります。

生徒が彼らの存在を知るようになるのは、カウンセラーにかかっている友人がいたり、学校で何か問題が起きた際によく見かけるようになってからです。教師は、サポートスタッフを年度初めに紹介すればイメージを変えることができます。教室に招き入れて授業をサポートしてもらったり、巡回や立ち番などの業務に加わってもらい、顔を知ってもらうという機会をつくってもいいでしょう。また、生徒集会に参加してもらうといったこともできます。

いずれにせよ、生徒が彼らを身近に感じれば、何か問題を抱えたときにだけ会う人だというイメージを葬り去ることができますし、生徒は何の心配もせずに、繰り返し彼らのところに行きやすくなります。

感情と社会性をサポートするプログラムを作成する

これまで、学校は薬物依存への対応を外部のプログラムに頼ってきました。薬物依存は重要なテーマですが、学校はそこに潜む課題を見落としてきました。精神疾患などがあると、薬物の使用につながりやすいということです。

教育委員会は、依存の原因となる問題に取り組み、その問題に対処する方法を生徒に教えるべきです。多くの教育委員会は、生徒が不安やうつ症状を抱え、それらが薬物使用につながっていることに気づいていません。それだけに、教育現場において私たちは、この課題に取り組む必要があります。メンタルヘルスの普及活動をしている人を招いて、彼らがどのように対処しているのかという体験談を聞いたり、学校が主体となるプログラムを構築するのです。

感情と社会性における健康のために時間を用いることで、精神疾患を抱える生徒によい影響を与えることができます。生徒の心を健康にしていくことで、学習にもよい効果が現れてくるのです[12]。

前へ進む

不安は、自らの意志との絶え間ない闘いです。要するに、自分自身との闘いなのです。それに加えて、すべての生徒は周りにいる大人たちと闘っています。毎日、大人と同様に扱われたいと望んでいる生徒と私は一緒にいますが、不安を抱えている生徒は、自分の人生を考えるよりも前に、不安をコントロールすることができないという現実があります。教師は生徒の手を取り、目の前にある困難に対してどのように向きあっていくべきかについて教える必要があります。

これは、不安を抱えている生徒にとって、生活に潜む困難と付き合っていくためにとくに重要なことです。

課題に関して、教師は困難を事前に予測し、スモールステップに分けることを考える必要があります。ただ締め切り日を伝えるだけ、というのは避けるべきです。生徒のペースを考えて、チェックポイントや「ピット・ストップ」をつくり、課題が難しくなっても続けていけるような工夫をするのです。

生徒に、困難や不安となるものをどうしたら自分でコントロールできるようになるのかについて教えていきます。さらに、周囲にあるサポートを示しましょう。学校のサポートスタッフを紹介し、「学校はみんなのためにある」と伝えるのです。また、困難を乗り越えてうまくいった人の体験談などを紹介し、サポートを活用した例を示すこともできます。助けを求めたことでうまくいった例を示し、「同じようになれる」と生徒に伝えるのです。不安を抱えている生徒の手を取り、何が可能なのかを示していくのです。

---

(12)　本文章にあるように、SEL（Social Emotional Learning）は精神疾患への対処のためだけに存在するものではありません。しかし、人間の認知的な部分と非認知的な感情と社会性の側面は切り離せませんので、後者を疎かにしていると学習にも悪い影響を及ぼします。『感情と社会性を育む学び（SEL）』を参照してください。それ以外にも、『すべての学びはSEL（仮題）』（ナンシー・フレイほか著）、『成績だけが評価じゃない――感情と社会性を育む評価（仮題）』（スター・サックシュタイン著）、『エンゲージド・ティーチング――SELを成功に導くための5つの要素（仮題）』（ローラ・ウィーヴァーほか著）の三冊も現在翻訳中です。

考えてみましょう

❶締め切りを示すのではなく、チェックポイントを提示すると、課題における生徒とのやり取りはどのように変化するでしょうか？

❷あなたの学校で「フレックス・タイム」を取り入れることのメリットはありますか？

❸生徒の感情と社会性の面での健全さ（ＳＥＬ）に焦点を当てるために、あなたの学校ではどのようなことができると考えられますか？

第4章

ありのままの自分を見せる

自分の経験を、不安を抱えている生徒のためのガイドとして活用する

「私たち」こそが待ち望んでいたものそのものです。
「私たち」こそが探し求めていた変化そのものなのです。

（バラク・オバマ）*

（＊）（Barack Hussein Obama II）第44代アメリカ大統領です。

学校にさまざまな変化を起こし、生徒に多くのものを与えられるようにする必要があります。そのことに疑いはないでしょう。財政支援を増やすこと、統一テスト(1)を減らすこと、不安のない教室にすることなどが思い浮かびますが、すべてを一度に解決はできません。しかしながら、ありのままの自分を見せるというだけで、私たちが思っている以上に大きな影響を与えることができるものです。

教師がありのままを見せることでプラスの効果を生みだし、生徒にもありのままでいられる環境をつくりだすのです。財政的に厳しい学校に勤務していたり、新たな統一テストの実施が求められていることがあるかもしれませんが、あなたがありのままの姿を見せていれば、授業への出席に不安を感じている生徒の数は減っていきます。

教室の中で教師がありのままの姿を見せることは、思っている以上に（不安を抱えている生徒にとっては、とくに）大きな価値があるのです。

とるべきリスクをとる

ウォルシュ先生は一三年という長い経験のある教師です。これまで、教師という職業にはアートとサイエンスが必要だと信じてきました。彼女は大学院へ進みましたが、教えることにおいては、大学院で学ぶようなサイエンスの側面だけでは彼女をここまでのめり込ませることはなかったでしょう。

教えることにおけるアートの側面は、教えてもらうことができないものでした。それは、経験やリスクをとること、そして教えるといったことへの情熱からもたらされます。友人や家族から「教師という仕事の過酷さが嫌にならないのか？」と尋ねられるたびに、ウォルシュ先生は次のように答えています。

「生徒にはこう伝えているの。一日三回公演の、無料のショーをしているのよ」

ウォルシュ先生はファシリテーターであり、教師であると同時にエンターテイナーでした。さらに彼女は、「本当の」教師であろうとしていました。「本当の」とは、学習内容やスキルを実生活と関連づけて教えることを意味します。

ウォルシュ先生は、新しい内容を導入する際には、このことをとくに意識して行っていました。たとえの分かりやすさから生徒たちは、「世界の見方が何度も変わった」と言って、いつも絶賛していました。

（1）評価や進学のために多くの生徒が同じテストを受けるものです。大学の入試テストや学力テスト、そして定期テストがその典型的な例です。

では、実生活をどの程度もちだすことが適切なのでしょうか？　神経伝達物質と活動電位の発生の授業において、ウォルシュ先生はそのことに気づきました。

「神経伝達物質は、シナプス間隙に放出されたあと、再び取り込まれるまでシナプスの神経細胞を刺激します。これが、生物の感情や行動にマイナスの結果をもたらします。分かりますか？質問がある人はいますか？　えっ、エイミー？」

エイミーは、これまでほとんど話し合いに加わってこなかった生徒でした。ウォルシュ先生は、彼女の手が挙がったことに驚きました。

「つまり、これがＳＳＲＩ(2)のような薬が効くメカニズムですか？」と、エイミーが尋ねました。

ウォルシュ先生は、その質問に固まってしまいました。教科書どおりの答え（つまり、それらは神経伝達物質の再取り込みを抑えて、落ち着かせてくれるの）を伝えるべきか、彼女の実体験を伝えるべきなのか、一瞬の判断が求められたのです。

「そう、その薬はそういうふうに働くの。たとえば、私が使っている『ゾロフト』というＳＳＲＩは、脳の中のセロトニンの量をコントロールして、シナプスから適切な量が放出されるようにしてくれるの」

「効き目はあるの？」ロブが尋ねます。

「そうね、私にとっては。ありがたいことに、効いているわね」

「不安になるときがあるということ？」エイミーが驚きを顔に表しながら尋ねます。
「んー、そうね、うつもね。一〇年以上前に診断されたの。ゾロフトはそのため」
質問が続きました。生徒は、ウォルシュ先生の診断や困難について尋ね、さらには自分たちの症状や不安になる様子を話しだしました。予定されていた脳の詳細についての授業に戻ることはありませんでしたが、生徒の話し合いへの積極的な取り組みは教師の誰もが理想とするものでした。

とはいえ、ウォルシュ先生は、自らのＳＳＲＩの体験を話したのは少しやりすぎだったかも、と考えていました。話してしまったことへの影響が懸念されたわけです。

その日の夜、ウォルシュ先生のもとにエイミーからのメールが届きました。話をしてくれてありがとう、という内容でした。エイミーは、「自分が診断されていることに対して孤独感が和らいだ」と書き、「ウォルシュ先生は、どの医者よりも不安についてうまく説明をしていた」とも書いていました。

自分の経験を話したことが正しい判断だったのか、と一日悩んだ末にウォルシュ先生は、自ら

（2）選択的セロトニン再取り込み阻害薬です。一九八〇年代に欧米で使われはじめ、脳内伝達物質であるセロトニンに関係した神経系を調節する働きをする薬です（大野裕『不安症を治す』幻冬舎新書、二〇〇七年を参照）。

の判断は正しかったと結論づけました。自分の体験を話したことで一人の生徒を助けたのです。さらに重要なのは、不安を抱えている生徒の孤独感を和らげたことです。

不安な心をサポートする方法――ありのままでいる

教師は、教室において、ここで述べたようなリスクを冒すべきです。素晴らしい教師は、自分の経験を生徒と共有し、進むべき道を示してきました。ウォルシュ先生が自分の不安について話したことは、不安を抱えている生徒と個人的なレベルでつながることになったわけですから、冒すべきリスクだったといえます。

素晴らしい教師として、私たちはそのようなリスクをとることで生徒と同じ目線に立つことができます。それによって、生徒に健康面での問題にどのように向きあうべきかを伝えるだけでなく、刺激を与えたり、やる気を出させたり、孤独感を取り除くのです。これらが、不安な心をサポートする方法となります。

生徒の前では、言葉遣い、個人的すぎる情報、政治的な思想など注意すべきこともありますが、もって生まれた自分自身というものを示すことは、やってはいけないことではありません。私たちは、何よりもまず人間であり、生徒にそのことを見せなければなりません。ありのままでいるということが鍵となるのです。

アメリカの作家でリーダーシップ論の専門家であるジョン・マクスウェル（John Calvin Maxwell）は、見事ともいえる言葉で次のように述べています。

「あなたがどれだけ彼らのことを気にかけているのかが分かるまで、生徒は、あなたがもっている知識について興味がありません」

マズロー（Abraham Harold Maslow, 1908～1970）の欲求五段階説は、食、水、住居、そして衣服の最低限の欲求が満たされないかぎり、ほかの何も意味をもたなくなってしまうと説明しています。それらに加えて、今日の生徒には、感情と社会性におけるつながりが新たな欲求として必要とされています。

教師として私たちは、生徒のより良い学びのために、良好な人間関係を構築していかなければなりません。ありのままでいることでウォルシュ先生は、エイミーだけでなく、クラス全体とつながりを見いだすことができました。教科書どおりの答えではなく、質問に関連した経験談で応じたことは、ウォルシュ先生にとってはリスクを冒すことになりましたが、ありのままを前面に出したことで、普段から彼女がどれだけ生徒たちのことを気にかけているのかが分かる機会となったのです。

不安を抱えている生徒には、ありのままで向きあうリーダーが必要です。彼らには、コントロールを委ねられる、信頼できる教師が必要なのです。彼らがあなたとのつながりを見いだせなかったり、あなたがどんな人か分からなかったりすれば、彼らはコントロールを委ねることができません。むしろ、自分でコントロールしてしまうため、強く反発する可能性さえあります。

ありのままの自分となり、信頼を構築していきましょう。これは、不安を抱えている生徒に対してはとくに大切なことです。

以下に示す、教室を「家族」のようにするためにウォルシュ先生が使った信頼構築のための基本事項について考えてみてください。これらが理由で生徒は、ウォルシュ先生についてSNS上で話す際には、「#家族」というハッシュタグを使うようになりました。

相手の身になって考える

人生を歩んでいくと、時には足止めをくらうものです。生徒にとっては学校が生活のすべてではないことを教師が理解し、締め切りや課題のできに対して柔軟になる必要があります。不安を抱えている生徒は失敗を恐れています。テストでも、宿題でも、練習でも、また音楽のレッスンや文化祭のときに行う劇のセリフにおいても同じです。

私たちは、彼らが成功とはどういうことなのかについて、柔軟に考えられるようにする必要があります。もし、初めて自転車に挑戦したときに成績がつけられるのであれば、全員が赤点です。そんな成績を見れば、もう一度挑戦しようと誰も思わないでしょう。

自転車を乗れるようになるためには練習が必要です。その練習の目的は、いつか乗れるようになるためであって、一日目や二日後に乗れるようになることではありません。つまり、授業における目標が内容を身につけることであるなら、「いつまでに身につける」といったことはあまり重要ではありません。生徒の身になって考え、柔軟な考えをもつべきです。

まずは、締め切りに間にあわなかった理由や、求められたことができなかった理由を尋ねましょう。そのうえで、彼らの状況を理解したということを伝え、その状況を踏まえて、どのようなことならできたのかについて尋ねてみるのです。できていないからといって課題を追加するのではなく、生徒と一緒になって考えることが重要です。チームになって協力し、相手の身になって考えれば、生徒との距離は短くなっていきます。

忍耐強くいる

多くの人は、未解決の課題があったり、締め切りが決められていない場合やサポートを待たなければならない状況に対して居心地の悪さを感じています。生徒が思ったようにできていないときには、教師は腹立たしさを感じるでしょう。しかし、忍耐こそが重要です。人生における責任ある仕事をすべてこなすのは大人でも難しいわけですが、私たちはその方法を知っておかなければなりません。

よいカリキュラム（つまり、何をどう教えるか）は、試し、失敗し、修正し、再び試していくという過程を経てつくりあげていくべきですが、これは人生においても同じです。生徒は、必ずしも一回でうまくできるわけではありません。サイトワード③の認識であったり、因数分解であったり、資料に基づいた問いに答えたりすることであっても、適切な時間と場所が与えられれば生徒はうまくできるようになっていきます。教師が忍耐強く接していれば必要な環境がつくられ、生徒の成長が促されるのです。

生徒の成長を忍耐強く待ちましょう。どんなサポートができるか、どんなことに困難を感じているのかについて尋ね、慌てることなく、あとどれくらいの時間が必要なのかを一緒に考えていきましょう。忍耐強さは、待つということだけではありません。教師が一歩下がって、生徒の現状を把握する必要があります④。この状態は、何もしないということではなく、積極的なサポートとなります。

ポジティブな面を見る

ポジティブな雰囲気は周りに伝わりやすいものです。第1章で紹介したグレースのように（四ページから参照）、人生には多くの困難があり、ひとたび不安が訪れてしまうと、私たちはネガティブな側面ばかりに着目してしまいます。それだけに、ポジティブな面を見ることがとても重要となります。小さな目標であっても、達成したことを称えるという行為は、大きな目標を達成したときと同じくらい大切なのです。

生徒に微笑みかけ、生徒とグータッチをしましょう。課題を終える前であっても、彼らが一生懸命に取り組んでいることを認めましょう。このような教師の行動が生徒のやる気につながります。さらに、このように接すれば生徒の気持ちにも届きやすく、どんな小さな成果であっても前向きに捉えてもらえると理解し、さらに取り組みたいという気持ちにつながります。

ユーモア感覚をもつ

「笑いは最良の薬だ」と言われることがあります。笑う際に放出されるエンドルフィンは、運動をする際に放出されるものとよく似ているとされています。エンドルフィンとは、脳内の快感物質のことです。

（3）　子どもが、スペルに基づいて一音ずつ発音しなくても、見ただけで認識できるべき基本単語のことです。

（4）　教師がいるレベルや、教師の求めるレベルに生徒が来るのを待つということではありません！　それは不可能ですから。

ユーモアを交えた授業は、長期的な成功を導くだけでなく短期的な効果をもたらします。ユーモアは、不安を抱えている生徒の心がネガティブになることを弱めるような化学物質の放出を助けてくれるのです。さらにユーモアは、みんなを一つにし、教室にありのままの自分でいてよいという感覚をもたらします。

生徒と一緒になって笑いましょう。生徒が互いに冗談を言いあえる環境をつくり、あなた自身のことも笑ってもらいましょう。生徒に面白い話をするのです。私たちは多くの時間を一緒に過ごしていますが、楽しい時間はあっという間に過ぎてしまうものです。その原理をうまく利用するのです。

人生にゴールラインはない

ウォルシュ先生とエイミーの関係性は、神経伝達物質の授業の間だけでは終わりませんでした。エイミーにとってウォルシュ先生は、自分の感情や身体的な症状が不安によって気になる場合「頼りになる人」となりました。震えを感じたり、うまく決断ができなかったり、血が出るほどひどく腕を掻きむしってしまうような症状が現れると、エイミーはウォルシュ先生のオフィスに行くようになりました。

　エイミーはウォルシュ先生に対して、どのようにして不安から解放されたのかと尋ねるようになりましたが、「一度も解放されたことはない」というのがウォルシュ先生の答えでした。そして、毎日不安と向きあい、ある日はほかの日よりも辛いことがあると伝えました。さらに、不安のはけ口になるものをうまく活用している、とも伝えました。

　ウォルシュ先生にとってもっともよいはけ口は体を動かすことで、趣味として、三キロから八キロほどのランニングとウェイトトレーニングを交互に行っていました。

「走りに行ってごらん」と、ウォルシュ先生がエイミーに言います。「エンドルフィンが出て、気持ちがハイになるととても気分がいいの。クロスカントリーをしていたんじゃなかった?」

「はい。でも、あまり好きじゃなかったし、速くもなかったんです」

「何を言ってるの。絶対私よりも速いんだから、もう一回やってみて。チームとしてやるのと、自分のためにやるのとでは感じ方が違うかもしれないから。日程を決めて一緒に走ってみましょう」

**　教師にも感情があり、恐れを感じ、困難を抱えています。教師が教壇に立てるのは、常に完璧であるからではありません。この事実を知ることで、とくに不安を抱えている生徒は、私たち教師と新たな関係を築くきっかけとなります。**

クロスカントリーのシーズンを終えた三か月後、エイミーは最初のランニングをしました。その翌日、走ることが非常に気持ちよく、そのあともよい気分でいられたとウォルシュ先生に伝えました。それ以後、エイミーは定期的にランニングをするようになり、ウォルシュ先生にとっても、気分が乗らない日でもランニングを続けるきっかけとなりました。

最終学年が終わりに近づいたころ、エイミーとウォルシュ先生は放課後に一緒に走るようになりました。学校の駐車場からスタートし、六キロから九キロを目標にして走りました。ウォルシュ先生がロードレースでの完走を目標にしていたこともあって、二人は五キロのレースに参加することにしました。

家族に見守られながら、ともに完走しました。それ以来、二五以上のレースを一緒に走りきっています。ちなみに、そのなかにはハーフマラソンが四回も含まれていました。

ウォルシュ先生がエイミーと築いた関係は、先生自身の経験をエイミーに伝えていなければありえなかったでしょう。さらには、ウォルシュ先生との関係がなければ、エイミーは不安と向きあえると気づけなかったかもしれません。

ウォルシュ先生が自分の困難やそれらと向きあうためのスキルを伝えたことが、エイミーにとってはセーフティーネット[5]になったのです。要するにウォルシュ先生は、不安というものは抱えていてもおかしくないものだと示したわけです。

不安な心をサポートする方法——不安を感じることはおかしいことではないと示す

不安というものは、もはや特殊なものではありません。誰もがもっているものです。しかし、不安を抱えている生徒の場合、そのようには考えられないのです。教師自身の経験を生徒が共有することは、そのような生徒に対して影響を与え、どのように生きていくのかというガイドブックとなります。

ありのままでいるには、相手のことを考えること、忍耐強さやポジティブさ、ユーモアが必要となります。私たちがありのままを見せることで、生徒は自分自身の経験に当てはめて、対処していくためのスキルを身につけていきます。

ありのままを見せることは、不安やパニック症状を落ち着かせるためのツールとなり、不安を抱えている生徒の孤独感を和らげることになります。次に示す方法で、教室でありのままを見せていくようにしてみてください。

（5）「安全網」と訳されますが、安全や安心を提供するための仕組みのことです。

教師から生徒にきっかけを与える

生徒は多くの人と同じように、自分のことを周囲の人がどのように思っているのかと気にしています。取り残されてしまうことを恐れ、流行を追いかけてしまいます。思春期は、自分がどうあるべきか、どうありたいかの間でバランスをとるという、自己発見と社会的受容に悩む難しい時期といえます。あなたが教師として権威のある立場にとどまることなくありのままを見せることは、生徒にありのままを引き出させるためのきっかけとなります。

自分のありのままを見せるために、あなたが経験した困難や耐え抜いた方法を生徒に話しましょう。生徒自身が関連づけやすい経験を共有していきましょう。ウォルシュ先生は、ありのままを見せることでエイミーのような生徒に影響を与えることができました。何か影響を与えようと思ってしたことではなく、たまたまそうなったのですが、これによってウォルシュ先生は、不安を抱えている状態はおかしいことではないと示すとともに、コントロールできると伝えました。要するに、不安はコントロールできるものであると示したわけです。

正直になる

ありのままを見せることは「正直でいること」でもあります。これが理由で生徒との間に信頼関係が構築でき、授業内容であろうと、日常生活についてであろうと、あなたの教えることを生徒は受け入れるようになります。さらに、正直でいることがもっている「力」を教えることもできます。

何かを尋ねられたときは本当のことを伝えましょう。子どものころに抱えていた困難や、今でももち続けている不安などについて話すのです。完璧を装っているよりも、あなたが完璧ではない姿を見せれば、生徒は多くのことを学んでいきます。

謙虚さを見せる

謙虚さは弱さを見せることにもなり、すべての出来事は、「人生」という本におけるほんの一部でしかないことを生徒に示します。ある出来事が失望につながる場合もあれば、成功につながることもあるのです。

教師が生徒に対して権威を振りかざすのではなく、謙虚な姿勢を見せることで生徒は親近感をもちます。生徒には、「最初から常に正しくなくてもいい」と伝えましょう。うまくいったことだけでなく、あなたの抱えている困難を話せばいいのです。

もし、アイビーリーグ(6)を卒業しているのなら、それがどんなに大変なことであったかを伝えた

(6)　アメリカ北東部にある全米ランキングのトップクラスに入っている私立大学の総称です。

り、学校で居残りをさせられたことがあるなら、何をしてしまったのか伝えましょう。また、「パネラ・ブレッド(7)」でパニック症状を起こしてしまったことがあるのなら、それを正直に認めましょう。失敗したことを成功以上に大切にし、失敗は誰にでもあることなのだと示すのです。不安を抱えている生徒は、教師であるあなたの弱さを知ることで力を抜くための術《すべ》を身につけていくはずです。

人間らしくいる

自分らしくいるということは「人間らしくいる」ということを意味します。教師にも感情があり、恐れを感じ、困難を抱えているものです。教師が教壇に立てるのは、常に完璧であるからではありません。この事実を知れば、とくに不安を抱えている生徒は私たちと新たな関係を築くきっかけとなります。

週の初めにまだテストの採点ができていない場合などは、週末に何があったのかについて説明しましょう。私たちはみんな人間であり、生徒は家族のようなものです。家族は、お互いを大切に思ったり全員のニーズが満たされることで一つになります。いうまでもなく、教室もそうあるべきなのです。

前へ進む

教師がありのままを見せることによって、すべての生徒に、とくに不安を抱えている生徒に安心感を与えるとともに、効果的な学習環境がつくりだせるようになります。不安を抱えている生徒は、相手の身になって考え、忍耐強さやポジティブさ、そしてユーモアをもっている教師を必要としています。

精神疾患を抱えている生徒は、誰も見ていないときにだけ自分らしくいられると感じてしまっています。そのような生徒には、人目をはばかることなく自分自身をさらけだす方法を、身をもって教えてくれる教師という存在が必要なのです。このような教師は、何らかのきっかけを与えてくれるような存在であり、正直であり、謙虚で、人間らしさをもちあわせています。

素晴らしい指導者とは、失敗した場合でも人々を勇気づけられるような人です。あなたの経験、とくに不安を感じた経験を生徒と共有してください。経験を通して生徒に教えることは、生徒にとってもっとも意味のある学びとなります。

（7）（Panera Bread）アメリカにあるベーカリーカフェのチェーンストアです。

考えてみましょう

❶あなたがもっとも尊敬している教師は、どのような特質をもっていましたか？

❷生徒に対してありのままの自分を見せる方法を具体的に挙げてみましょう。

❸生徒には、あなたのどのようなことを記憶にとどめてもらいたいですか？　それは、どうしたら実現するでしょうか？

第5章

SNSの真実を教える

すべてが完璧なファンタジーの世界を、
不安を抱えている生徒が
うまく生きていけるように助ける

人間の虚栄心ほどの重さしか
支えられない脆い糸の上には、
どんな昆虫も巣をつくらない。
(イーディス・ウォートン*『歓楽の家』より)

(*) (Edith Wharton, 1862〜1937) アメリカの女性作家です。『エイジ・オブ・イノセンス(汚れなき情事)』でピューリツァー賞を受賞しています。『歓楽の家』の邦訳は、佐々木みよ子ほか訳、荒地出版、1995年。

二一世紀の学びにおいては、テクノロジーが必須となることは疑いようのない事実です。テクノロジーがうまく活用されることを前提にして、今後の世界の動きが予測されています。しかしながら、よい側面だけではなく、あまりよいとはされていない側面にも対処していく必要があります。

ディスプレイを長時間見続けることが発達面から懸念されていますが、不安を抱えている生徒の場合は、ＳＮＳの影響を受けやすいためにさらなる課題が生じます。

テクノロジーによってつくりだされた世界が、実際はどうなっているのかについて教師は、生徒が理解できるような方法を考えだす必要があります。不安を抱えている生徒には、「ＳＮＳは仮想の世界なのだ」ということを伝えなければならないのです。

「テクノロジーのすべてがよくない」と言っているわけではありませんが、不安を引き起こす可能性がＳＮＳにあることを生徒は知っておくべきです。効果的な指導をしている教師はすでに、先のことを考えてその方向へともに歩みを進めています。ＳＮＳの真実を教え、不安を抱えている生徒が非現実的な完璧さを追い求めないようにすると同時に、生徒なりの成功が遂げられるようにサポートしましょう。

完璧な自分

第4章では、ウォルシュ先生が教える生物のクラスにおいて強い不安を抱えていたエイミーの事例を紹介しました。先生自身が不安と向きあっている状態を生徒に話したことから、エイミーはウォルシュ先生とよい関係が築けるようになりました。

エイミーの症状の一つが自己嫌悪でした。エイミーは、頻繁に自分のことを強い言葉で非難しています。着ている服がブランドものでなかったり、髪がストレートでなかったり、メガネが気に入らないというようなことを言うのです。

ある日の午後、ウォルシュ先生との話のなかでエイミーは、ほかの女の子たちと同じようになれないことがどれだけ辛いことなのかについて話しはじめました。

「完璧な自分になれないの。ジェニファーのようにも」と、エイミーは言いました。

「完璧な自分？　そんなふうに言うのはやめて。あなたにはよい面がたくさんあるでしょう。あなたになくて、ほかの人にあるものは何なの？」ウォルシュ先生が尋ねました。

「あの子たちを見てよ。みんなは完璧なの。すごく素敵だし」

「完璧？　みんなは完璧なの？　あなたも素敵じゃない」

「あの子たちは人気もあってかわいいの。男の子たちも、あの子たちのことが好きだし……」

「あなたがそう思っているだけよ、エイミー。みんなが私たちと全然違う生活をしているなんてどうやって分かるの？　変なことを言うのはやめて。あなたも十分かわいいじゃない」

「私はみんなとは違うの。ジェニファーのインスタを見た？　昨日アップした写真を見てよ」

エイミーはスマホを取りだし、ジェニファーがアップした写真をウォルシュ先生に見せました。その写真はとても華やかなものでした。顔の右側に長いブロンドの髪をわずかに垂らしているジェニファーは、黒縁のメガネを鼻筋に乗せながら顎《あご》に左手を軽く添えています。ウォルシュ先生は分かっていましたが、フィルター加工で肌をやさしい色に見せ、眼も深い青にしていました。ジェニファーはかわいくて人気があり、スポーツ万能という生徒でした。女子サッカーの代表チームのキャプテンであり、APクラスでも優秀でした。

エイミーがウォルシュ先生に、ジェニファーのほかの投稿を見せていきました。インスタグラムには、「完璧な」ティーンエイジャーの姿ばかりが投稿されていました。たしかにジェニファーは、きらびやかな写真をたくさん載せていました。ただ、それらは、フィルター加工されているものでした。

ジェニファーのSNSをフォローしている人にとって、彼女は憧れの的でした。男の子たちがかわいいと思うのも分かりますし、女の子たちが彼女のようになりたいと考えることもよく分かります。しかし、ウォルシュ先生にはしっくりきませんでした。

「エイミー、物事は見えるものがすべてではないのよ」

「どういうこと？」エイミーが尋ねます。

「つまり、ジェニファーのようになるというのがどういうことなのか分かっていないんじゃないかってこと。これらの写真はある側面を見せてはいるけど、ジェニファーの本当の姿なのかしら。みんなに見てもらうためにアップしている写真のなかで、誰も見ていないときのジェニファーを写しているのかしら？」

「分からないけど、関係あるの？」

「もちろん、おおありよ。ジェニファーもみんなと同じように、ＳＮＳにアップする写真は、みんなに見てもらいたいものを載せているの」

ウォルシュ先生は、エイミーのスマホを指さしながら言いました。

「でも私は、彼女のような人に近づけない」

「分かってる。何が言いたいかっていうと、ＳＮＳで見るものは必ずしも実際と同じではないということ。そこには必ずつくりものがあるのよ、エイミー。必ず……」

エイミーの不安は、完璧さを求めることから引き起こされたものです。少なくとも彼女の不安は、完璧に思えるものによって引き起こされています。とくにＳＮＳは、開くたびに完璧なものが目に飛びこんできて、エイミーの症状を悪化させていきます。エイミーのように不安を抱えている生徒は、ＳＮＳは現実を表しているわけではない、と考えられないのです。

不安を抱えている生徒は、ＳＮＳを開いて完璧なものを目にしてしまいます。それは、彼女らがなれるはずがないと思っている姿です。教師が不安を抱えている生徒を理解し、何をすべきかを一緒になって考えるためには、ＳＮＳにおいてつくりだされた完璧さとどのように付き合っていくべきかについて教えていく必要があります。

不安な心をサポートする方法――ＳＮＳを現実的に捉える

ＳＮＳにはフィルター加工された現実が映しだされており、成功や幸せという概念が歪められた状態となっています。利用者は、フォロワーに見せたい自分しか見せません。それらは、すべてよい面です。

大人でも、そのフィルター加工を見極めるのには困難を極めます。ハーフマラソンを走ったあとの日曜日の午後にしっかり料理をするようなスーパーママにもうまくいかないときがあるのだと、自分に言い聞かせることはなかなかできないものです。そんな彼女も、汚れた靴で家を歩き回る子どもを叱りつけているかもしれませんし、ＰＴＡのファンドレイジング（資金づくり）イベントのための準備を忘れてしまったり、会議の直前に、新しい白のドレスにコーヒーをこぼしているかもしれません。しかし、不安を抱えている生徒にとっては、目に見えるものだけが現実となってしまいます。

生徒が生きている世界におけるコミュニケーションは、ほとんどがオンラインとなり、初めからつくりあげられたものとなっています。不安を抱えている生徒は、自己認識がうまくできず、つくりあげられた完璧さによって自らに対する意識がより強まっていきます。どんなに自尊心をもっていても、削り取られてしまうのです。

流行についていけるようにとＳＮＳに頼り続けることが不安を抱えている生徒にとっての日常となり、完璧さに関するイメージを頭から消すことができなくなっています。不安を抱えている生徒が周りについていけていないと感じるとき、彼らの不安は増していきます。絶え間なく現れる完璧な映像などが、自分がうまくできていないのではないかという不安を増幅させ、拍車をかけてしまうのです。

『マディを走らせたもの（What Made Maddy Run）』（未邦訳）という本のなかで著者のケイト・フェイガン（Kate Fagan）は、ＳＮＳが若者に与える悪い影響に関して次のように述べています。

ＳＮＳでもっとも難しいのは、誰もがあなたと同じことをしていると認識することです。つまり、みんな最高の自分を見せようとしているのです。ＳＮＳ上での自分の存在は一つの側面にすぎないということを理解するのは簡単ですが、その論理をほかの人々に対して適用するのは難しいです。

ＳＮＳは、辛い現実から逃れられる癒しとなります。しかし、不安を抱えている生徒にとっては、気晴らしとなるものではありません。不安を抱えている心では冷静に物事が捉えられず、真実と理想を的確に見分けることが難しくなっています。

また、ＳＮＳの使用を禁止するというのは効果的な方法ではありません。ほかの場面でよくあるように、生徒に対して「いけない」と禁止することは好奇心を助長するだけで、使用を促す場合と同じような結果になってしまうからです。禁止されることで、不安を抱えている生徒は、よりＳＮＳを使いたくなってしまいます。そして、ＳＮＳによって自分を卑下することが適切であると感じてしまうのです。

不安を抱えている生徒は、分からないことに耐えられません。自分の価値が低いと感じると、その理由が知りたくなり、ＳＮＳがその答えの見つかる場となるのです。不安を抱えている生徒が自らを守れるように、ＳＮＳとの適切な付き合い方を私たちは教えなければなりません。

落ち込んでいるときにはＳＮＳを開かないようにする

ひどく感情的になっているときによいことは起こりません。そこにＳＮＳが絡むと、さらにひどい状態になってしまいます。すべての生徒に（とくに、不安を抱えている生徒）、冷静でないときやイライラしているとき、ネガティブな感情を抱えていたり、不安を感じたりしているときはＳＮＳを開くべきではない、と教えることが重要となります。気持ちが落ち着いていないときにＳＮＳを開こうとしている生徒は、気持ちをさらに乱すような投稿ばかりに目が向いてしまうものです。

自分が投稿した内容は自分でコントロールできるかもしれませんが、ほかの人の投稿をコントロールすることはできません。不安を抱えている生徒の場合、自分の心がほかの人の投稿によって乱れてしまう状況をコントロールすることができません。

生徒が不安を感じているときには、ＳＮＳを開いてしまうような課題は出さないようにしましょう。たとえば、気持ちを落ち着かせるようなことについて話をするのです。さらには、少しの散歩に誘ったり、ゲームをするのもいいでしょう。彼らの心と手をほかのことに集中させ、スマートフォンに触れないようにするのです。そして、あなたが近くにいないときでもスマートフォンに触らないようにするための方法について教えましょう。

目にしたものに疑問を投げかけることを教える

ＳＮＳは、他人の生活の一部を切り取って見せてくれます。どんな投稿でも、グラフのなかの一点のように全体像は示していません。ＳＮＳで目にしたものだけで判断するのではなく、頭の中でその投稿に疑問を投げかける必要があります。

ジェニファーが友達のプールの前で撮った笑顔の写真をアップしたからといって、その日一日を幸せに過ごしていたとはかぎりません。何があったのかを想像してみれば、その写真がすべてではないと考えることができます。

たとえば、「実は、プールに行く前の朝に何かあったかもしれない。いつ帰るのかをめぐってお母さんと言いあいをしてしまい、それを隠そうと無理やり笑っているだけかもしれない」と、誰しもがもっている好奇心を高めるように促しましょう。

一枚の写真を使って、そこから想像できる物語を書かせてみましょう。これを、ＳＮＳとの適切な向きあい方を教える機会にすることができます。さらに、実際にＳＮＳの写真を使って課題を出してみましょう。一つの投稿を選び、完璧ではない部分が見える物語を書かせるのです。この課題によって、完璧に見えている写真がいつでも完璧な状態を伝えているわけではないと教えることができます。

記録することを促す

人生はバランスよく、偏りすぎないようにすることが大切です。一方の事柄に「全力」を出したら、もう一方のことにも同じく「全力」を出す必要があるということを教師は生徒に教える必要があります。

つまり、ほかの人のことに費やした時間と同じくらいの時間を自分のために使うべきだということです。生徒には、ＳＮＳを使った時間の分だけ自分のことについて振り返り、書き残すように、と促しましょう。

生徒には、フィルターを通した世界を見たあとに、より自分らしくいられる場所が必要です。何を見て、何を感じたのかを記録するように促しましょう。友達の「生活」を見たあとには、そのときに感じたプレッシャーや不安について「話せる」場所が必要です。そのような環境さえあれば、幻想と現実を区別することができるようになっていきます。これは、不安を抱えている生徒が定期的に行うべきことで、エイミーにとっては、ウォルシュ先生との会話がＳＮＳで見たジェニファーを理解するための[1]手段となりました。

要するに、記録をとることは、たとえ自分一人でも感じたことが「話せる」方法なのです。

スマートフォンと距離を取る

トッドは五歳で学校に通うようになってから不安を抱えるようになり、とくに分離不安症[2]と向きあって闘ってきました。友達といるときは不安から来る感情を抑えることが非常に難しいと感じており、いつも「彼らのようにはなれない。彼らとは競争できない」と、トッドは自らに言い聞かせてきました。

授業などにおいて、明確な目標に向かって一生懸命になっているときは安心できましたが、休み時間や昼食の時間になるとトッドは、クラスメイトの容姿や洋服、髪型、履いている靴、持っている文房具、食べているランチ、運動神経などについて比較してしまい、不安を感じるようになっていました。

さらに、教室以外での不安が年を経るごとに悪化していき、何とかコントロールするために授業時間を当てにするようになっていきました。しかし、それも中学校へ進学し、トッドを含むみんながスマートフォンを持つようになるとうまくいかなくなりました。ずっと欲しかったものの一つが、こんなにも不安を大きくさせるとは思ってもいませんでした。唯一の逃げ場であった教室での時間が、トッドの安心感を奪ってしまったのです。

クラスメイトとの比較から逃れて過ごしていた静かな時間は、スマートフォンを手にする時間となりました。トッドは、課題を終えるとスマートフォンを取りだし、ツイッターやスナップチャット、インスタグラムなどをチェックします。そこでは、友達が遊んでいる写真や、新しい靴を履いている写真、ゴールを決めて喜んでいる姿を見ることになります。

実は、それらこそが、トッドが休み時間や体育館などで見たくないと思っていたものでした。それらを見ることでトッドの不安は募りましたが、校長先生が教室でのスマートフォンの使用を禁止しようとしたことがきっかけでトッドは、不安が募る理由をはっきりと理解することになりました。

学校が「スマートフォン禁止」の校則をつくりそうだと聞いた生徒は、阻止するためにできる

（１）原書では「ジャーナルを書くこと」になっています。ジャーナルは日記ではなく、自分の考えたこと、気づいたこと、浮かんだ疑問などを記録しておくためのノートです。必ずしも文字で書く必要はありません。絵やイラストで描いたり、切り貼りもＯＫです。ジャーナルについて詳しくは、ウォルター・アイザックソンの『レオナルド・ダ・ヴィンチ（上下）』とジョン・ミューア・ロウズの『見て・考えて・描く自然探究ノート――ネイチャー・ジャーナリング』がおすすめです。

（２）愛着のある人物や場所から離れることに対して不安を感じることです。三歳ごろまでは一般的に見られる傾向ですが、それ以降の発育過程においても、生じる分離不安によって著しく過剰な不安感や苦痛があり、一定年齢を過ぎても継続することがあります。

かぎりのことをしました。それに、トッドも加わっていました。

生徒たちはメールを送りあい、話し合いを行い、「校則がつくられないように」という署名まで集めました。しかし、生徒の努力もむなしく、春休みが終わったあとに新しい校則が適用されることになりました。

慣れるまでにそれなりの時間がかかりましたが、一週間ほど経ったとき、トッドは学校にいる間に生じる不安が治まりはじめていることに気づきました。以前のように、安心して教室で過ごせていたのです。

みんなの様子を見ることで自分を貶《おとし》めてしまうことがなく、課題に集中できるようになっていきました。明らかに、教室でSNSを見られなくなったことが、トッドが安心して過ごせるようになった理由でした。

トッドの学校はしかるべきリスクをとり、「スマートフォン禁止」という校則をつくりました。教室の中においてSNSから離れられたことで、トッドのような不安を抱えている生徒は安心感が得られるようになったのです。校則は不安の「電源を切る」ことにつながり、短くても長くても、それができるようになるということは、不安を抱えている生徒にとっては歓迎すべき変化であったといえます。

不安な心をサポートする方法――教室からSNSを取り除く

不安に苦しめられているとき、生徒は合理的に考えることができなくなり、何が必要なのかという判断すらできません。そのため、一般的には受け入れづらいことであっても、生徒の学校生活からSNSを取り除くという判断をしなければなりません。この判断は、不安を抱えている生徒にとっては短い時間であっても必要なことです。

さまざまな物事にはまってしまうというケースがよくあります。あなたもユーチューブのブラックホールに吸いこまれ、自責の念に苛まれたことがあるでしょう。小さな子どもが人工内耳《ないじ》（補聴器）を付けてもらって、初めて音を聞いたときの反応を撮影している動画を見はじめ、その一時間後、動物園の猿にマジックを見せている動画をなぜ見ているのかが分からなくなって現実に戻った、ということもあるでしょう。

一般的な生活をしていると多くの物事に追われてしまい、時には、インターネット上にある、気持ちが高ぶるような動画やくだらない動画に屈してしまうという状況が必要な場合もあります。それが逃げ場所になって、ストレス発散につながったりするからです。しかし、あなたにとってはよくないブラックホールに吸いこまれてしまうといったことも簡単に起きてしまいます。

誰もが内なる対話をしています。恐怖、疑問、自らの価値のなさ、そして悲しみと闘っているのです。時々、そのような声が普段より大きくなることがありますが、不安を抱えている生徒には、このような内なる声がほかの人よりも大きく聞こえてしまい、丸めこまれてしまうことが多いのです。その声が、力不足だと感じさせたり、うまくいかないと感じさせたり、完璧な状態からほど遠いと感じさせたりするのです。

周囲の人の成功体験や幸福度によって、その声はより勢いを増していきます。友達の笑顔が写っている写真やビーチで微笑むガールフレンドの写真、スキーでかっこよく滑り下りてくる友達の写真などをトッドのような生徒が見ると、このような声がさらなる影響を与えてしまうのです。

SNSは、「不幸」という名のブラックホールの奥深く、暗い穴の底へとその犠牲者を容赦なく誘いこみます。そのような状態から逃れるためには、次のような方法で教室からSNSを取り除くしかありません。

生徒に、マインドフルネス（どのような懸念をもっていても、自分の今の心や体の状態に集中すること）を定期的に実践するように教えることで対処できます。マインドフルネスによって、不安を抱えている生徒は、心に浮かんでしまっている懸念から離れられるようになるからです。

スマートフォンを手にしない

トッドの学校は、多くの学校ではとられていない[3]大きな方針転換を行いました。二四時間ずっと管理職が生徒のＳＮＳの使用をコントロールすることはできませんが、可能となる七時間半に関しては、学校からＳＮＳを取り除くと決めたのです。それから一週間もしないうちにトッドのような生徒は、少しの間ではありますが、不安が解消されるようになりました。

スマートフォンを禁止するという校則によって、不安を抱えている生徒にＳＮＳが与える影響を減らすことができます。ある一定時間であっても「ログオフ」できれば、不安を抱えている生徒にとっては、内なる声の「電源を切る」ことになるのです。一〇分であっても、五〇分であっても、七時間半であっても、不安な気持ちが和らぐ状態は、不安を抱えている生徒にとっては好ましいことなのです。

そのための方法は、いたってシンプルです。不安を抱えている生徒を支援するために、「授業中にはスマートフォンの利用を許可しない」と言うだけです。もし、学校全体でこのような校則が実施できないのであれば、まずは教室という小さなエリアからはじめましょう。クラスの生徒

(3)　日本においては、禁止の学校が多いのではないかと思います。ただ、その背景にあるのは、生徒の不安を取り除くためではなく、教師の「不安」を取り除くためのような気がします。

に、「スマートフォンをしばらくの間触らないように」と言うのです。

教師によっては、スマートフォンを机の上に置かせ、生徒が使おうとする様子がはっきり確認できるようにしています。しばらくして、生徒がある程度の時間スマートフォンを脇に置いておけるようになったら、少し時間を延ばしていきましょう。スマートフォンなしで授業時間が過ごせるようになるまで、少しずつ延ばしていくのです。

達成できてから、「スマートフォンは手にしない」という方針を立てましょう。ドアに掛けるような収納ポケットを使うと、スマートフォンの置き場が教室につくれます。一つずつポケットを割り当てて、生徒が教室に来た際に入れるようにするのです。

どのような方法であっても、このような措置を最低限とらなければなりません。不安を抱えている生徒は、スマートフォンから離れてほかの人と比較しなくなると、より力を発揮するのです。

マインドフルネス(4)で心を落ち着かせる

残念なことに、いかに厳格な「スマートフォン禁止」という校則であっても、完璧に守られることはありません。もし、支障があれば、「マインドフルネス（どのような懸念をもっていても、自分の今の心や体の状態に集中すること）を実践するように」と定期的に教えることで対処できます。マインドフルネスによって不安を抱えている生徒は、心に浮かんでしまっている懸念から逃れられるようになるからです。

心というものは、筋肉と同じで使えば使うほど鍛えることができます。生徒の心にとって学校という空間は、長くて、厳しいトレーニングの場となります。ご存じのように、週に五日、毎日七時間半に及びます。

もし、生徒が七時間半にわたって足のトレーニングをしていたら、教師は「休むように」と伝えるはずです。一方、脳のトレーニングに対しては異なる反応をしてしまっています。マインドフルネスを行うことは、脳にとっての強制的な休憩となり、心を落ち着かせます。だからといって、脳に考えることをやめさせるわけではありません。すぐに批判してしまうようになっている脳の状態を、いったん切り替えるということです。

マインドフルネスをテストの前に行うことで生徒の不安感は軽減ができますし、結果をよくすることにもつながります。あるスポーツ心理コンサルタントは、「６－１－７呼吸法」という方法を教えています。自分の心の奥にある考えを聞きながらも、聞きすぎることなく、自分でコン

(4)　マインドフルネスでできるエクササイズはたくさんあります。一番知られているのが呼吸法です。ここで紹介されている「６－１－７呼吸法」は見つかりませんでしたが、「４－７－８呼吸法」などといったものがたくさんあります。呼吸法以外のマインドフルネスの方法については、『感情と社会性を育む学び（ＳＥＬ）』を参照してください。

トロールできるという方法です。

このコンサルタントはトップアスリートを対象にして仕事をしていますが、彼の教えるテクニックは生徒に対しても使えます。学びは、スポーツと同じようにパフォーマンスをする場であるといえるからです。「本当の成功は、挫折感や困難とうまく付き合っていくための土台があるかどうかにかかっています」と、このコンサルタントは述べています。

不安を抱えている生徒がうまく付き合うべき困難とは、ＳＮＳで見られるようなフィルター加工された幸せな状態です。授業の最初に、短時間でいいですからマインドフルネスを実践する時間を設けてみましょう。それを毎日の日課とするのです。さらに、評価の前や大きなプロジェクトの直前に行うようにして、あなたも生徒と一緒に行うのです。最終的な目標は、スマートフォンに代わってマインドフルネスを生徒の「頼りになる」ものにすることです。

前へ進む

二一世紀を生きる生徒の日常は、フィルターを通してつくられた幸せな状況や成功を映しだすメディアが理由で過飽和状態となっています。このような現状が、不安を抱えている生徒が感じてしまう、自らに対する自信のなさを強めることになります。さらにいえば、精神的な疾患を助長するような競争社会をつくりあげてしまいます。

そのため教師は、不安を抱えている生徒に対して、ＳＮＳの影響を小さくする方法を考える必要があります。学校全体として「スマートフォン禁止」の校則をつくることができなくても、別の方法は考えられるでしょう。生徒にマインドフルネスを教えたり、あなたの教室だけでもスマートフォンを使わないようにすることはできるはずです。

とはいえ、どんなに頑張ってもスマートフォンを完全になくせないことも私たちは知っています。それだからこそ、不安を抱えている生徒には、適切なＳＮＳとのかかわり方を教える必要があるのです。「不安を感じているときにはログインしないように」と、生徒に伝えましょう。イライラしていたり、落ちこんでいたり、不安を感じているときにＳＮＳを開いてしまうと、自己嫌悪感を強めてしまいます。

生徒には、「多くのことが見た目どおりではない」と教えましょう。ＳＮＳの投稿に対して、疑問をもつように教えるのです。完璧な状態に見えても、実は、朝に親とケンカをしているのではないか？　多くの人は、素晴らしい時間を楽しむよりも、見栄えのよい写真をアップすることしか気にしていないのではないか？　というようにです。

不安を抱えている生徒を含めたすべての生徒に対してＳＮＳへの投稿を意味のある課題として提供すれば、ＳＮＳの裏側について考えさせることもできます。そして、記録をとることが習慣になるようにしましょう。記録をとるということは、不安を抱えている生徒の内なる声に専用のマイクをわたすようなものです。SNSを開いた時間と同じだけ、感じたことに関する記録をさせるのです。このような方法を用いて不安を声にして、生徒がより前向きな行動に移せるようになってもらいたいと思っています。

記録をとることは、不安を抱えている生徒が自らの不安に向きあう機会を与えるだけでなく、ファンタジーで彩られたSNSの世界に対するより適切な見方を提供することにつながります。

考えてみましょう

❶生徒がSNSを利用している時間を、どのようにしたら減らすことができるでしょうか？

❷あなたは、不必要なSNS利用にどのくらいの時間を費やしていますか？　その代わりにどのようなことができるでしょうか？

❸「スマートフォン禁止」の校則はなぜあるのでしょうか？　実社会において、スマートフォンの使い方を教えるためにどのようなことができるでしょうか？

第6章

生徒の理解を得る

不安な生徒に効果的に伝えるために、理由を明確にする

他人が唯一もつことができないものは、
あなた自身です。あなたの声、あなたの心、
あなたの物語、あなたのヴィジョン。
だから、あなたにしかできないように、
書き、描き、つくり、遊び、踊り、生きるのです。

（ニール・ゲイマン）*

（＊）（Neil Richard MacKinnon Gaiman）多数の文学賞を受賞しているイギリスのベストセラー作家。代表的な作品として、コミックブックシリーズ『サンドマン』（未邦訳）、小説『スターダスト』（金原瑞人ほか訳、角川文庫、2007年）などがあります。

教師の仕事は、ほかのいかなる職業よりも厳しい目で見られます。誰もが学校へ行ったことがあり、誰もがよい授業とはどのようなものであるかを知っているからです。何年もの間、私たち教師が学校に通っていたころから教える内容はそんなに大きくは変わっていません。二〇年ほどの歴史を経たことを除けば、算数・数学は算数・数学であり、読むことは読むこと（日本流にいうと国語は国語）であり、理科は理科のままである、と言ってもよいでしょう。(1)内容が変わっていないのに、なぜ教え方は変わったのでしょうか？

教師が教室で直面する変化といえば生徒です。今の教師には、私たちがしていたような講義型の授業を行うことは期待されていません。その代わり、生徒とつながることが求められています。教師は、教えるべき内容を受け入れてもらいながら、生徒に対しては、大切に思っていることを伝えていく必要があるのです。(2)

このことは、不安を抱えている生徒と付き合っていくうえにおいて極めて大切です。不安を抱えている生徒は、毎日、目の前の現実をコントロールしようと格闘しています。もし、彼らと一緒に闘いたいのであれば、私たちにできることを、彼らにしっかりと伝える必要があります。その際、教師は、自らがとる行動の理由について理解しておかなければなりません。不安を抱えている生徒と関係を築き、今日の教室においてよい時間が過ごせるように手助けをするためには、行うことの理由を教師自身が彼らに伝えていかなければならないのです。

生徒のことを考える教師

ミラー先生が新しい高校の管理職になって、最初の年の半分が過ぎようとしていました。ミラー先生は、学校の文化や職員についてまだ把握しきれていませんが、生徒と親しくなることで校内のさまざまな評判を聞くことができました。生徒たちは、どの教師が好きで、どの教師が嫌いかを話してくれました。

しかし、ミラー先生にとっては初めての地域なので、生徒の声をどの程度信用していいものかと計りかねていました。彼女は多くの教師を評価する立場にあったため、生徒からの不満の声が強まった場合には同僚の管理職にアドバイスを求め、生徒が大げさに言っているのではないかと、確認するようにしていました。

（１）残念ながら、日本では教え方もあまり変わっていません！　教科書をカバーする授業が今も横行しています。どうしてでしょうか？　変わった教え方を紹介しているものには、『歴史をする』、『社会科ワークショップ』、『教科書では学べない数学的思考』、『だれもが科学者になれる！』などがありますし、国語に関しては下のＱＲコードのリストを参照してください。

（２）そうなのです。単に「教える」、「伝える」、「説明する」だけではないのです。受け入れて、教師が売ろうとしているものを買ってもらわなければならないのです。

しかし、驚くことに、生徒の評価はほとんどの場合的確なものでした。

ミラー先生の高校にはウォーカー先生というベテランの数学教師がおり、主に上級クラスや大学進学クラスの九年生を教えていました。彼の授業は、単元計画とともに厳密に組み立てられていました。ウォーカー先生は、授業に参加すること、並んで座ること、そしてノートをとることを生徒に求めました。さらに、毎日の宿題をはじめとして、単元ごとにノートからの小テストを数回、そして単元末のテストを計画的に行っていました。

ウォーカー先生の授業は典型的な教師中心の授業です。もし、生徒が授業についていけなくなった場合は、生徒自らが質問をしたり、授業のあとに残って教えてもらうようにすべきだと彼は考えており、生徒が中心となって行う探究活動や、どのようなサポートが必要なのかを考えるといった活動はほとんどありません。

ウォーカー先生の成績表は、授業と同様にきっちりとした形式に則ってつくられており、単元1の「宿題1」、単元1の「小テスト1」、単元1の「テスト」というように、一つ一つの評価が数値として表されており、順番に並べて記録されています。

ミラー先生が九年生の担当となり、彼らの生活指導に関して責任のある立場となった際、最初の数か月でウォーカー先生の授業を抜けだしている生徒がいることに気づきました。さらに、ウォーカー先生と良好な関係にない生徒に対応するといったことも何度かありました。

たとえば、ウォーカー先生が教えている幾何学の上級クラスにいる九年生のデニスです。学校で問題を起こすようなことはあまりなかった彼女ですが、ミラー先生のオフィスに頻繁に来るようになってしまいました。カウンセラーからデニスが抱えている不満について聞かされるまで、彼女が我慢の限界に来ていることにミラー先生は気づいていませんでした。

デニスは、明らかにウォーカー先生とはうまくいかず、カウンセラーに対して、「ウォーカー先生の教え方は自分には合わない」と話していました。彼女は、先生の話を聞くだけで学ぶことのできる生徒ではなく、ウォーカー先生が無作為に生徒を指名することにひどいストレスを感じていたのです。

デニスは、多くの小テストやテストでよい点がとれず、必要なサポートも得られていないと感じていました。デニスが質問をしようとしても、ウォーカー先生はいつも「宿題をしっかりとやっていないからできないのだ」と言うだけでした。すべての責任はデニスにあるとウォーカー先生は考えている、とデニスには感じられていたのです。

教師は、自らがとる行動の理由を理解している必要があります。不安を抱えている生徒と関係を築き、今日の教室においてよい時間が過ごせるように手助けをするためには、行うことの理由を教師自身が彼らに伝えていかなければなりません。

ミラー先生は、ウォーカー先生とデニスとの話し合いの場を設けました。これ以上状況が悪くなる前に、仲をとりもつことがデニスにとって必要なサポートになると考えたのです。

ミラー先生は、話し合いの日程を決める前にデニスの母親に電話をして、今後の計画を伝えました。案の定、デニスの母親も、ウォーカー先生に対してはデニスと同じような思いを抱いていました。そこでミラー先生は、話し合いが行われたあとにもう一度電話をする、と約束して電話を切りました。

ウォーカー先生が、話し合いの一五分前にミラー先生と話をしたい、と申し出ました。彼の考えをミラー先生に伝えておきたかったからです。

「デニスは、授業でほとんど何もしません。宿題もほとんどしませんし、してきたとしても授業中に質問をすることがありません」

「もしかしたらデニスは、みんなの前では発言しづらいと感じているのかもしれませんね」

ミラー先生がそれとなく言いました。デニスのカウンセラーとの話から、デニスは不安を抱えており、当てられたとしても人前では発言しづらいのだ、とミラー先生は理解していました。

「それは言い訳にならないですよ。しっかり学びたければ質問をするべきですから。放課後に私のところへ来ることもありません」

「それは分かるのですが……」

ミラー先生は、デニスの想いを代わりに伝え、理解してもらおうと努めました。ウォーカー先生にデニスの抱えている不安について理解してもらえるかどうかで、彼の授業でやっていけるのかどうかが変わりますし、今回の話し合いもうまくいくかもしれない、とミラー先生は考えていたのです。

しかしながら、ミラー先生がその話をもちだす前に、ウォーカー先生が話しはじめてしまいました。

「カバーしなければならない内容がこんなにあるんですよ。資料はわたししています。必要なものはすべて提示しているので、あとは彼女次第なんです！」

ミラー先生は、うまく言葉を挟めませんでした。ウォーカー先生は、生徒のためにすべてやることはやっていて、それについて来ないのが彼女なのだ、と頑な姿勢を崩しませんでした。そのためミラー先生は、話し合いの目的を、お互いが適切に理解できるようにすることから、デニスが遅れを取り戻せるような計画づくりに切り替えました。

ウォーカー先生は頑なで、高圧的で、ミラー先生が変えられるような教師ではありません。一方、ミラー先生は、生徒が話していることの意味をすぐに理解できました。ウォーカー先生は教科の内容を教えるだけで、生徒とよい関係をつくり、生徒のことを考えられるという教師ではなかったのです。

不安を抱えている生徒は、行動の裏にある理由や、授業についていけていない場合の理由を一緒に考えてくれる教師を必要としています。これについて考えようとする教師は、不安を抱えている生徒の立場に立てる教師となります。生徒のことを考える教師は、自分らしく、相手の身になって考え、忍耐強く、人間らしいのです（第４章を参照してください）。

それに対してウォーカー先生は頑なで、白黒がはっきりしており、一つの型にすべての生徒をはめようとしています。いってみれば、不安を抱えている生徒の不安をより強めてしまうという教師です。不安を抱えている生徒がこのような教師に対峙すると、すぐに反応を示し、デニスがしたように回避する道を選んでしまいます。

不安を抱えている生徒とよい関係を築こうとする場合には、教師である自分がどのような人物なのかを生徒に知ってもらう必要があります。また、教師はなぜ教えようとしているのかをしっかりと伝え、学びに対して生徒が主体性をもてるようにしなければなりません。そうすれば、教えようとしていることが生徒に受け入れられるようになるのです。

ウォーカー先生のクラスにおいて、教科書を読み、ノートをとらなければならないということだけでなく、なぜきちんとやってほしいと先生が思っているのかについて不安を抱えている生徒が理解していたとしたら、彼らは何を感じるでしょうか？

もし、ウォーカー先生がなぜそのようなことを教えようとしているのか、なぜ生徒がそれを学ぶべきだという強い思いをもっているのかについて説明する時間を設けていたとしたら、何が違っていたでしょうか？

もし、ウォーカー先生が、生徒と話す必要性を感じ、生徒の理解が得られるように彼の考えを伝えていたらどうだったでしょうか？

注目したいのは、デニスもミラー先生も、ウォーカー先生が教師をしている理由が明確に分からないという点です。ウォーカー先生は、不安を抱えている生徒を含めて、すべての生徒をサポートしたいと思っていたのでしょうか？　それとも、単純に自分のやり方に追従させたかっただけなのでしょうか？

不安な心をサポートする方法——なぜ教えるのかを共有する

教師は、不安を抱えている生徒と信頼関係を築くために、できることはすべてやるべきです。教師でいるということは、商品やサービスを消費者に購入してもらうことを目的としている営業マンと同じなのです。欲しいものやサービスがどこでも購入できる現在、消費者は特定の人から買う必要はないのです。

では、消費者が我慢できなくなるほど欲しくなるような魅力的な商品とはどのようなものでしょうか？　その答えは、多くの場合、その商品を売る人にあります。消費者は、商品やサービスを購入しているだけではないのです。売り手の人柄や物語も一緒に購入しているのです。親近感を感じるか？　信用できるか？　信頼できるか？　これらの質問に「はい」と答えられれば、消費者はその売り手から商品を買う可能性が高くなります。

教育においては、消費者となるのは生徒とその保護者です。もちろん、彼らは実際に教師から商品を「購入」しているわけではありませんが、教師は授業を「販売」しているのです。生徒にとって親近感が得られ、信用でき、信頼できる場合、生徒はその教師から学んでいきます。つまり、商品を「購入」するということです。このような生徒の教師に対する感情は、教えている内容や教え方から生じるわけではありません。このような感情は、教師が「なぜ教えているのか」ということから生じるものなのです。

この「なぜ」を教師が明確に伝えられれば、どんな生徒でもよく学べる可能性が高くなります。このことは、不安を抱えている生徒にはより強く当てはまります。よく教師は、精神的な疾患を抱えている生徒に出会うと、どのようなサポートができるのかという点で頭を悩ませます。不安をもって悩んでいる生徒をどうしたらサポートできるのかと考える前に、なぜ彼らをサポートする必要があるのか、と考えてみてください。

どうしてあなたは、不安を抱えている生徒がしっかり学ぶ必要があると考えているのですか？

その理由が何であったとしても、その答えとともにある情熱は生徒とのやり取りのなかに現れ、まちがいなく生徒に伝わっていきます。

以下の方法をとれば、なぜあなたが教えるのかについて、あなた自身も生徒も理解できるようになるはずです。

ありのままを見せる

ありのままでいることで、さまざまな場面であなたも完璧でないことを生徒が目にし、理解します。たとえば、プレゼンテーションやスピーチ、そのほかさまざまなことに対する準備などがその一部となります。完璧なイメージが氾濫するSNSの世界において生徒は、それらのイメージはインターネットという、フィルター加工がされ、編集され、操作された世界でのみ見られるものだと理解しなければなりません（第5章を参照してください）。

フィルター加工された幸せな様子や成功体験を傷ついたレンズで見続けると、不安を抱えている生徒は、実際の姿やありのままの姿というものが見極められなくなってしまいます。私たち教師が、完璧でない様子をありのまま見せれば、不安が強くなり続けている生徒の心のバランスを保つことができるのです。

年度初めに、自らのこれまでを共有するプロジェクトを行ってみましょう。教師も生徒とともにに行います。良かったことや悪かったこと、面白い話をいくつか共有して、あなたがどのような人物なのかを知ってもらいましょう。権威のある怖い存在だという認識を薄めて、不安を抱えている生徒に完璧を求めているわけではない、という心情が伝わるようにするのです。

声をかけ、会話をする

教師がすることに対する理由をしっかりともっていれば、生徒と健全かつ必要な会話ができるようになっていきます。不安を抱えている生徒は、感じていることが表現できるという機会を与えてくれる教師を求めています。

まずは宿題についてですが、これまでのように、「やってきているのか?」という確認はやめましょう。教師が歩いて生徒の宿題を確認していくのではなく、生徒をグループにして、宿題について話し合わせてみてください。その間に各グループを訪ね、昨夜のことや、いつ宿題をやったのか、なぜできなかったのかを尋ねます。そうすれば、スキルを完璧にするためだけにやっているわけではないことや、決して前日の夜に一人でやらなければならないというものではない、と伝えられます。

宿題についての会話を常に行うことで、不安を抱えている生徒にとっても話すことが自然な状態になっていきます。またその際には、常に完璧でなくてもよい、と伝えることができます。(3)

生徒を信頼する

信頼関係を築くことは、教師と生徒がよい関係を築くためにもっとも重要なことです。教師が明確な理由をもって教えていれば、生徒のことをしっかり考え、生徒の声をよく聴き、生徒を理解するために質問をするようになります。このような姿勢は、感情で物事を考え、現状に対してできることは何もないのだと考えてしまうような不安を抱えている生徒に対してはとくに必要です。

不安を抱えている生徒があなたのことを信頼できると感じれば、彼らは、教師としてだけでなくメンターとして信用するようになります。それゆえ、生徒とやり取りをする際には、回答を準備しておくというスタイルは避けるべきです。たとえば、テストの点数について生徒が見解を訴えてきたとき、「それでも、それはゼロだよ」と言おうと決めておくといったようなことです。

生徒がすべてを話してくれると信頼して、生徒に質問をし、話を聴きましょう。状況を把握するために必要なことを尋ね、対応するのです。生徒が本当のことを話しているとあなたが信じれば、不安を抱えている生徒はあなたのことを「味方」だと感じ、邪魔者や不安を引き起こす人物だとは見なさなくなります。

（３）宿題の捉え方ややり方について関心および疑問をもっている方には『宿題をハックする』をおすすめします。

伝えないために生まれる誤解

ヴァイオレット先生は、ベテランですがあまり人気のない先生です。彼女は強引で、口うるさい人だと思われていました。そもそも、なぜ彼女が教師になったのかと疑問に思う人もいましたが、生徒にまったく影響を与えられないわけではありません。

ヴァイオレット先生への評価は、意見が分かれるところです。彼女を好意的に思う同僚や生徒もたくさんいますし、そのように思わない人も同じくらいいます。一つだけ、誰しもが同意するのは、彼女は生徒の注目を常に集めるという事実です。教室にいても、カフェテリアでも、卒業式でも、彼女は目立つのです。

彼女は、ドラマティックな効果を狙って本を教室の端から投げることもありますし、生徒に「全然ダメだ」と言ってしまったりと、誰しもが予測できないことをしてしまいます。カフェテリアでは、「席に着いて静かにするように！」と生徒を怒鳴りつけています。要するに、彼女の行動は、背の低さを感じさせないほど目立ってしまうのです。一方、卒業式では、興奮した卒業生たちがスピーチの間に投げたビーチボールがなぜか必ずヴァイオレット先生のところへ飛んでいき、取り上げられてしまいます。

これらのことがあっても、生徒のなかには「ヴァイオレット先生が好きだ」と言う生徒もいます。そのような生徒は、ヴァイオレット先生は知的で、頭がよく、一生懸命だと感じています。そして、ヴァイオレット先生の信念や、必要としている生徒に対して彼女がサポートしてくれるということを微塵も疑っていません。

このように感じている生徒はごく少数ですが、ヴァイオレット先生に対する見方は、誤りでも偏っているわけでもありません。ヴァイオレット先生は、自らの行動でうまくその思いを示すことができていないだけなのです。

一方、不安を抱えている生徒は、彼女のことを違った目で見ていました。意地悪で、攻撃的で、理不尽という評判が、そのまま彼女の人物像となりました。不安を抱えている生徒の多くは、「ヴァイオレット先生はいじめっ子と同じだ」とも言っていました。

彼らにとっては、気難しくて、ネガティブな影響を与えるような人がなぜ学校で働いているのかという疑問があり、彼女がなぜ教師として教えているのかについて理解できませんでした。ヴァイオレット先生の存在そのものが、不安を引き起こす原因になっていたのです。

ヴァイオレット先生を好意的に捉えていたり、一緒に働いたことがある人は（一緒に働いているからといって、必ずしも彼女のことを好意的に見ているとはかぎりませんが）、若い人たちや彼らの将来について彼女がかなりの情熱をもっていることを知っていました。彼女は、生徒のためにと、長時間にわたって一生懸命働き、効果的で、刺激的で、価値のある授業をつくりだしていたのです。

彼女がうまくいかなかった点は、これらのことをすべての生徒にうまく伝えられなかったことです。不安を抱えている生徒は、ヴァイオレット先生がなぜそのような行動をとっているのかについて知ることができないため、そのやり方に賛同できなかったのです。

ヴァイオレット先生は、不安を抱えている生徒が求めている情熱をもちあわせているにもかかわらず、うまく表現することができないため、彼らからは距離を置かれていたのです。そのためヴァイオレット先生は、熱心で、信念をもつ教師としては認識されず、恐れられ、避けられてしまい、不安がそれほど大きくない生徒からも煙たがられていました。

ヴァイオレット先生は、自分の行動に対する「なぜ」という意識はもっているのですが、生徒にうまく伝えられませんでした。それが理由で、サポートするというよりも、生徒の不安な思いをさらに大きくしてしまっていたのです。

不安な心をサポートする方法——理由を伝える

信頼できて、予測ができ、あらゆる物事がオープンな環境においてのみ不安は落ち着きます。

そのため教師は、自らの行動様式に関する理由を心の中にもっているだけではダメなのです。行動の理由が、その言動から明確に分かる必要があります。教師として存在する理由を明確にすることで、もっとも大きな不安を抱えている生徒も、あなたの教えを信用し、教室でうまく過ごせるようになります。

毎日、世界中の若い人たちは、教師がとる行動の理由が知りたいと思いながら席に着いています。

なぜ、宿題をしなければならないの？　なぜ、プロジェクトではなくてエッセイを書かなくてはいけないの？　なぜ、黒か青のペンでしか書けないの？　なぜ、ケネディは暗殺されてしまったの？　なぜ、私を助けようとしているの？

疑問がテーマに対してどの程度重要なのかにかかわらず、生徒は理由を知りたがっているのです。

ラヴィシー－ワインスタイン先生（本書の著者）はなぜ教師なの？　なぜ、ウォーカー先生は講義しかしないの？　なぜ、私はこのように感じているの？

すべての疑問が口に出されるわけではありません。多くの場合、もっとも重要な疑問は尋ねられることなく終わってしまいます。生徒は「なぜ」を心の中に抱きながら座り続け、自分で回答をつくりあげていきます。このような心の中の動きが不安を大きくする元凶となっているわけですが、不安を抱えている生徒は「なぜ」と考えてしまい、「もし……だったら」と思い続けてしまうのです。

「なぜ、数学を勉強しなければならないの？　もし、理解できなかったらどうしよう？」
「なぜ、遠くから通わなければならないの？　もし、電車の中でパニックが起きてしまったらどうしよう？」
「なぜ、ウォーカー先生は小論文を書かせるの？　もし、書いても考えがうまく表現できなかったらどうしよう？」

不安を抱えている生徒は、口にしたり、頭の中で考えたりして、常に「なぜ」を知ろうとしています。教師はこのことを頭に入れておき、進んで対応する必要があります。生徒に関することでも、あなたの行動に対してでも、この「なぜ」をめぐって不安を抱えている生徒との関係を悪くしたり、学校や課題を避けたりするようになってしまう前に、「なぜ」に関する答えを生徒に伝えましょう。

彼らとやり取りをするのです。彼らの問いかけに答えて、彼らが一人で費やしてしまうエネルギーを節約させるようにしましょう。そうすれば、生徒はあなたのやり方を理解し、信用してくれるようになりますし、しっかり学べるようになっていきます。以下に示したのは、不安を抱えている生徒に「なぜ」を伝えるための方法です。

どのように考えているかを生徒に尋ねる

　生徒であっても、教師であっても、誰しもが先入観をもっています。答えの分からない質問をするときでも、可能性のある答えを考えているのです。生徒が「なぜ?」と尋ねてきたときには、このような背景をうまく利用しましょう。

　あなたにとっての答えをそのまま生徒に伝えるのではなく、「あなたはなぜだと思う?」と、あなた自身も知りたいという思いで尋ねるのです。やさしく、サポートするような調子で、ありのままを見せられるように、対話ができるように、そして信頼が得られるようにするのです。

　常に、不安を抱えている生徒の考えを確認しましょう。たとえまちがっていたとしても、彼らの考えに対して、「よい考え」であることや「今まで考えたこともなかった」と伝えます。このようなやり取りにおいてもっとも重要な点は、生徒が疑問に思った「なぜ」を理解することと、なぜ今まですべての情報を知らなかったのかについて生徒自身が理解してやり取りを終えることです（授業のなかで質問をするという文化をつくりだす方法は、コニー・ハミルトンによる『質問・発問をハックする』が参考になります）。

すべてをさらけだす

　どのような生徒に対してもすべてをさらけだすことが重要ですが、不安を抱えている生徒にとってはとくに重要となります。不安を抱えている生徒は、理由を尋ねてくることはほとんどありませんが、実際は知りたがっていますし、知る必要性を抱えているのです。

本当は尋ねたいと思っているのだと理解して、その質問に答えていく必要があります。「教育改善研究室（Research for better teaching）」の設立者で代表でもあるジョン・サフィヤ（Jon Saphier）は、「隠し事なしで教える（No Secrets Teaching）」という考え方で知られています。「授業において『隠し事』がなければ、必要な理解をしているのかどうかを確認するために私たちが特別な努力をしている理由が伝わります。つまり、生徒にしっかりと学んでほしいと真に願っていることや、それができると信じているからだということがすぐに伝わるのです」と、サフィヤは説明しています。(4)

この考え方は、不安を抱えている生徒に理由を伝える際にも通じます。包み隠さず伝えることによって、彼らは、なぜ私たちが教えるのか、なぜ私たちが彼らをサポートしたいのか、そして、なぜ授業で学べるのかについて理解していきます。理由のある行動をし、何かを尋ねる際にはその理由を明確にしましょう。

あなたが教える理由が明確であれば、授業の目標とその理由が合致していきます。あなたがすることの理由を、行動や言葉で常に生徒に伝えましょう。そうすれば、生徒はあなたのことを信頼できる人だと感じるようになります。

クラスの活動に参加する

多くの教師が、学校での最初の数日間は生徒の雰囲気をほぐすことに時間を割いているものです。教師も生徒のことを知る必要がありますし、生徒同士もお互いのことを知る必要があるからです。

このようなとき、活動の進行役を教師が務めてしまい、参加者になっていない場合が多いものです。しかし、教師もクラスの一員であり、ほぼまちがいなく重要なメンバーの一人なので、生徒と打ち解ける必要があります。あなたについて知ってもらい、あなたがすることの理由を生徒に知ってもらうのです。

効果的な話し手は、自分のことを知ってもらい、聴き手と関係を築くことで心をとらえ、話に引きつけていきます。クラスにおいても同じなのです。生徒にあなたがどんな人間で、なぜ教えるのかを伝えましょう。機会あるごとに、その理由を何度も伝えるのです。ひょっとすると、それがクラスのモットーになるかもしれません。あなたが「やるに値する」と考えていれば、不安を抱えている生徒も同じように考え、行動するようになっていきます。

（4）　一九七九年に設立された、授業改善とスクールリーダーシップの向上を目的とした専門家育成組織です。

前へ進む

なぜ、あなたは教えているのですか？　なぜ、あなたは毎日学校へ行くのですか？　あなたが授業を考え、教え続けるのは何のためですか？　あなたの「なぜ」は何ですか？

　あなたが自分の「なぜ」を理解し、伝えていくことで、生徒はあなたの「なぜ」を理解していきます。

　不安を抱えている生徒は簡単に打ちのめされてしまいます。彼らの目の前で起きたすべての「出来事」は、彼らに深刻な影響を与えます。しかし、私たちがもっているそれぞれの行動に対する「なぜ」を伝え、理由に目を向けさせれば、それぞれの課題は大きな学びのなかにおける一つの達成可能な目標である、と彼らに理解してもらうことができます（第2章を参照してください）。

　あなたがとる行動の理由を知ることは、あなたのありのままを知り、信頼し、生徒にとって話しやすい存在になることにつながります。あなたの「なぜ」を伝えるときには、生徒から見つけだしてもらえるようにし、クラスが打ち解けるための活動や関係づくりの活動に生徒とともに参加して、すべてをさらけだすようにすべきです。

ここでもっとも難しいのは、自分の「なぜ」を理解することです。あなたの「なぜ」は、シンプルであり、そのまま記憶に残り、生徒たちにとって重要な真実を伝えるべきものなのです。私たちはみんな、「なぜ、教育の世界にいるのか」という物語をもっています。では、「なぜ」まだそこにいるのでしょうか？　この「なぜ」こそが、不安を抱えている生徒があなたを信頼し、あなたの行動を受け入れるために知る必要があると感じていることです。(5)

考えてみましょう

❶「なぜ」あなたは教師なのですか？

❷あなたの「なぜ」を、生徒に対して効果的に、かつ一貫して伝えるためにはどうすればよいでしょうか？

❸生徒に、彼らの「なぜ」を伝えてもらうためにはどうしたらよいでしょうか？　なぜ、彼らについて知ることが重要なのでしょうか？

---

(5)　自分の「なぜ」を追究している良書があります。『Giving Students a Say（聞くことから始めよう！）』（翻訳中）で、その第1章では、教師として大切なものを三〇秒で伝えられる方法が書かれています。

第7章

生徒の「声」を聴く

不安をコントロールする方法として、自己表現とセルフ・アドボカシー[*1]を促す

でも、お前は一人じゃない。

（マムフォード＆サンズの『Timshel《ティムシェル》』より）[*2]

（＊1）23ページの訳注を参照してください。

（＊2）（Mumford & Sons）ロンドン出身のフォークロックバンドで、デビューアルバム『サイ・ノー・モア』は全世界で800万枚以上の売り上げを記録しました。

不安というものは、感情をコントロールしようと思って現れる症状です。不安は、状況をコントロールしたいと考える生徒のなかに存在します。

コントロールできなくなったと感じたときに不安は大きくなり、悪い状況へと向かうプロセスしか考えられなくなってしまいます。いうまでもなく、不安による症状は多岐にわたっており、個人によって異なります。息が詰まったり、胃のむかつきを感じたり、涙が耐えられなくなったりと容赦ありません。

不安を経験することも辛いのですが、不安に苦しんでいる様子を見ているのも辛いものです。苦しんでいる人からその症状を取り除き、感情のコントロールができるようになって、楽になってもらいたいとあなたは思っていることでしょう。しかし、そこへ踏みこんでいき、解決方法を提示するという行為は、多くの場合、状況を悪化させてしまいます。一時的には不安を解消させられるかもしれませんが、新たな症状が現れたとき、その人自身が不安をコントロールする方法をもちあわせていないからです。

不安の原因から生徒を引き離すのではなく、生徒が必要としていることを主張するための「声」を教師が見つけ、感情をコントロールする方法を教える必要があります。その際には、「セルフ・アドボカシー」と「自己表現」をさせることが重要となります。

過干渉

毎日、ラトランド副校長は、カレンダーを確認して一日の計画を立てています。基本的な業務として、管理職会議、カウンセラーを含めたサポートチームへの参加、昼休みの見回りがあります。これらに加えて、秘書によって設定された保護者との面談や生徒に対する個別指導計画チームの会議、生徒指導のヒアリングがあります。

ある日、カレンダーを見ていたときにラトランド先生は、アンドレアとその母親であるティナさんとの「504プラン[1]」についての面談という予定を見つけました。

アンドレアは不安症と診断されているため、学校職員は適切なサポートのために具体的な状況を知り、母親と協力できるようにしていました。ラトランド先生は、学校生活に対する保護者のサポートをうれしく思う反面、今回の件に関しては、母親であるティナさんとの頻繁なやり取りに関して難しさを感じていました。多くの時間が、ティナさんが求めている内容を聞くことに使

(1)　授業などの学校生活において配慮が必要な生徒に対して、法律に基づいて配慮の申請ができるプログラムです。不安を抱えるなど、「障害」と診断されない生徒も必要に応じて申請できます。https://www.dailysunny.com/2018/02/21/edu1802/ を参考にしてください。

われており、アンドレアが必要としていることについて聞けなかったからです。

ラトランド先生が面談に向かうと、アンドレアのカウンセラーであり、「504プラン」の作成を担当しているミケルソン先生が待っていました。しかし、この日は、ジョンソン校長も出席していました。これまではラトランド先生が面談のすべてを取りまとめてきたので、ジョンソン校長がいることは予想外でした。ラトランド先生は、ティナさんがジョンソン校長に直接メールをしたか、ミケルソン先生がサポートをお願いしたのだろうと考えました。


「みなさん、お集まりいただきありがとうございます」ジョンソン校長が話しはじめました。「アンドレアのことに関しては直接かかわってきませんでしたが、ティナさんからお願いがあり、今回は出席しています。アンドレアが新たな診断を受けたことで、ミケルソン先生とラトランド先生にアンドレアのサポートをお願いしてきました。今日は、数学のクラスにおけるアンドレアの悩みについて話すために集まってもらいました。そうですね？」

「そのとおりです」ティナさんが言います。「アンドレアは、カトラー先生とうまくいかないということで多くの授業を休んでいます。アンドレアは、カトラー先生が自分のことを好きではないと感じていますし、先生の教え方が自分に合わないと感じています。彼女の授業で、アンドレアはパニックになりそうになったり、不安を感じたりすることがあります。これまで、『504

プラン』の内容を作成してきたと思うのですが、この対応策は、不安が大きな原因となっている数学のクラスには合っていないと思います」

「ミケルソン先生、数学については何か対応をしていますか？」ジョンソン校長が尋ねました。

「はい。ティナさんがカトラー先生の数学に関してメールをしてきた際、具体的な懸念について話し合いました。アンドレアは、再試験を時間内に終えられなかったことでカトラー先生が授業中に非難したように感じたほか、配慮に欠けており、彼女の不安に対しては理解していないと感じていたとのことです」

「その懸念は解決しましたか？」ジョンソン校長がアンドレアに尋ねました。

ティナさんが代わりに答えます。

「ミケルソン先生としっかり話ができて、この件についてとりもってくれました。ですが、アンドレアには、カトラー先生にサポートをお願いすることにまだ不安があります。カトラー先生自身がアンドレアの不安の原因になっているのです。『５０４プラン』でアンドレアを数学の授業から取り出し、個別対応を受けられるようにしてもらいたいと思っています」

その場にいたみんなが愕然としました。ティナさんは、かなり踏みこんだことを言っただけでなく、その要求は行きすぎたものであり、通常「５０４プラン」には盛りこめないものでした。

「数学に対する懸念は分かりました」ジョンソン校長が告げました。「ですが、そのことをアンドレアの『５０４プラン』に含めることはできません。生徒を授業から取り出して個別に対応をするというのは、できることをすべて行ってから考えるべきです」

「もう、やりましたよね」ティナさんが言いました。

「アンドレアは、サポートがさらに必要だとカトラー先生に伝えましたか？　プランには、追加の課題を行う方針を盛りこみましたか？」ジョンソン校長が尋ねました。

「先ほど申しあげたとおり、アンドレアはカトラー先生とはうまくやっていけないのです。個別の対応が必要なのです。」

ティナさんがイライラしはじめました。

「生徒を授業から取り出して個別に対応することは、成績表に記載しなければなりません。また、その生徒のための授業担当が必要になってきます。もし、ティナさんとアンドレアがそれを求めるのであれば、今後どうしていくべきかの議論を進めることになります」と、ジョンソン校長は説明しました。

「まず、アンドレアを授業名簿から削除しなければなりません。そうなると、『W』[2]が成績表に記載されます。単位非認定、もしくは医者の診断による『とりやめ』[3]とすることができますが、アンドレアの状況を考えると、医者の診断による『とりやめ』は可能でしょう。その場合は、別の数学の授業が必要になります」

「医者の診断による『とりやめ』でかまいません。新しい数学のクラスとしては、別の数学の授業ではなく、自習室に行けばよいのかなと思っていました」

ラトランド先生は、議論がこのようになることは予想していましたが、ティナさんの発言には驚いてしまいました。

「アンドレアに自習室を解放することで今年はなんとか過ごせると思いますが、卒業要件を満たすためには、数学の授業を取り直す必要が出てきます」ジョンソン校長が説明を続けます。「来年か再来年に、倍の単位数をとる必要があります」

「アンドレアは、大学準備コースの数学を夏に受講[4]して、単位をもらうことができますよね？」

「できますが、おすすめできません。数学の基本的な講座をとっていないと、倍率の高い大学への進学は厳しいと考えられます。アンドレアが進学したいということは理解していますが……」

「それには賛成しかねます」ティナさんが言いました。

「この点に関しては、今は保留としましょう。来年の計画を来月から立てはじめますので、その

(2)　Withdraw の頭文字。授業の参加をとりやめたことを意味します。
(3)　単位非認定（withdraw-fail）となるとＧＰＡに影響します。一方、医者の診断によるとりやめ（withdraw-medical）の場合は影響しません。
(4)　サマーコースとして夏の間に集中講座が開講され、受講することで単位を取得することが可能になっています。

ときにもう一度話しましょう」と、ジョンソン校長がミケルソン先生のほうを見て告げました。
「ミケルソン先生、アンドレアの計画を変更して、アンドレアは授業の受講をとりやめるとカトラー先生に伝えてくれますか。ラトランド先生、来年と再来年の数学に関する計画を決めた際、ティナさんとの連絡窓口になってください」

このように話してジョンソン校長は面談を終えました。ラトランド先生とミケルソン先生は、ジョンソン校長から指示されたことを進め、アンドレアの数学に対する不安は解消されたと考えていました。

当然のことながら、授業の変更によってアンドレアの不安を取り除くことはできませんでした。原因を取り除くだけでは病気そのものはなくならず、別の場所でまた悩まされるだけです。

ティナさんは、母親としてできるかぎりサポートをしていました。学校の面談に参加し、娘のために代弁してきました。しかし、不安を抱えている生徒の家族によくあるケースですが、娘を何とか助けたいという気持ちがティナさんには強すぎて、自分で問題を解決しようとしてしまい、アンドレア自身が問題と向きあえるような状態になっていませんでした。

教師は、不安を抱えている生徒自身が必要とすることが主張できるようにサポートしていく必要があります。つまり、生活のなかにおいて生徒自身が状況をコントロールする方法を学び、不安と向きあう対処法が身につけられるようにサポートするということです。

　面談の進行や決断を自分でさせるようにしましょう。カトラー先生の授業からアンドレアを取り出して個別対応をしてほしいという要求は変わらないかもしれませんが、これがアンドレア自身から告げられたものであれば、彼女が不安と闘う際には違った影響を与えるでしょう。

不安な心をサポートする方法――セルフ・アドボカシーを促す

　不安に対処する際に大事なことは、何を求めるかではなく、誰がそれを求めているのか、です。教師は不安を抱えている生徒が、自ら声を上げられる方法をとらなければなりません。

　不安症であると診断されることは、いかなる家族であっても簡単に受け入れられるものではありません。私は母親として、自分の子どもが困難を抱えている状態は見ていられないほどで、その気持ちが十分理解できます。誰しも、子どもを苦しめているものを取り除きたくなるでしょう。そして、子どもの代わりになってあげたいと思うはずです。

　目に見えないものに苦しめられている子どもに対処することが、保護者にとってどれほど困難を伴うものなのか想像してみてください。不安は目に見えず、苦しみが繰り返されますが、原因ははっきりしないのです。もし、ヘビを怖がっているのであれば、そのヘビをどこかへ追い払えばいいだけですが、何か分からないものを恐れている場合に保護者が最初に行うのは、その可能性となるものをすべて取り除くことです。たとえば、スポーツなどの活動、困難を抱えているであろう授業への参加、友人関係の見直しなどです。

このような保護者の考え方は理解できますが、このとき、教師は保護者に対してアドバイスをしなければなりません。生徒に必要なスキルを教えるなどといった適切なサポートをすることで、不安の原因を見つけだせるようにする必要があります。親を含めた周囲の大人がさまざまな原因を取り除いたとしても、不安そのものは取り除けませんし、不安を抱えている生徒自身が対処できるようにはなりません。

不安と闘うことができるのは、それを抱えている生徒だけなのです。そのためには、何が必要なのかを自分で訴えることができるセルフ・アドボカシーが重要となります。ティナさんとアンドレアとの面談の場合でいえば、アンドレアは母親に話してもらうのではなく、自分自身のために声を上げなければならないということです。以下のような方法でサポートしていきましょう。

生徒の感情に寄り添う

生徒の助けになるということは、物理的に身近にいるという意味ではありません。感情面に寄り添うということです。教師が感情面に寄り添ってくれていると感じられれば、教師は生徒を批判しようとしているのではなく理解しようとしてくれていると感じて、生徒は信頼を寄せるようになります。

批判に対する怖れによって不安を抱えている生徒は、自分にとって何が必要なのかについて主張できない状態となっています。教師と思いを共有することすら難しくなっているのです。

感情面に寄り添うということは、すべての感情や考えを共有するといった、個人的な関係を構築しなければならないということではありません。もっとシンプルなもので、教師として、人生においてはうまくいかないこともあると理解しておきましょう。

すべての生徒が規則を守り、指示どおりに動いてくれれば教師は楽かもしれませんが、そんなにうまくいくことはありません。カトラー先生とアンドレアのすれ違いは、カトラー先生が問題になっている再試験についてアンドレアと話し合っていれば起きなかったかもしれません。期限内にアンドレアが再試験を終えられなかったことを罰するのではなく、彼女の抱えている困難についての話し合いがカトラー先生にもできたのではないでしょうか。

つまり、カトラー先生が生徒に対してオープンで、生徒の感情に寄り添うような存在になっていれば、アンドレアは安心して、どうしたらよいか、と相談できたかもしれないということです。カトラー先生がオープンになれなかったことで、アンドレアに不安な状況が引き起こされたのです。

教師が感情面にも寄り添ってくれる存在だと感じられるようになれば、不安を抱えている生徒は、より多くのことに挑戦したり、心を開いて、自分が必要としていることを主張するようになります。授業での決まりはガイドラインとしてのみ示し、絶対的なものとして扱わないようにするべきです。不安を抱えている生徒には、何が効果的なのかを尋ねるようにして、教師のほうからは、期待していることを告げるだけでなく、なぜそのようになっているのかについて説明しましょう。

不安を抱えている生徒に対しては、常により良く学んでほしいという気持ちをもち、示された期限内に追試験を終えられなかったという理由だけで単位を認めないという結論は避け、どうすればうまくいくのか、どうしたら不安が解消できるのかと尋ねてください(5)。

「選択の時間」を設ける

年齢を重ねるごとに時間の過ぎ方が早くなります。納税申告や食料品の購入、休日の準備など、大人としてするさまざまなことには多くの責任が伴います。ここで、もっとも大切となるスキルの一つが「時間の管理」です。これについては、不安を抱えている生徒に対して常に働きかけ、優先順位を決めて、時間の使用方法について教える必要があります。宿題についていえば、毎日出すのではなく、二〜三日前に知らせて、いつ宿題に取り組めばいいのかと考えるための「選択

の時間」を授業中に設けるようにしましょう。(6)

「選択の時間」は、生徒自身が必要な課題を選んで個別に学習を行う時間です。この時間では、提出期限の迫った課題を行ったり、色塗りや動画視聴、読書やワークブックなどに取り組むことができます。「選択の時間」を実施すれば、不安を抱えている生徒は、一人で、時にはサポートを得ながら優先順位をつけて、さまざまな課題に取り組むようになります。

このように、時間の使い方を自分で考えることは、自分に何が必要なのかを考え、主張するためのもっとも基本的な方法となります。計画を立て、その計画に沿って行動することで、不安を抱えている生徒は自らの時間がコントロールできるようになっていきます。

「選択の時間」をあなたのクラスからはじめてみましょう。生徒に、いつまでに何をしなければならないのかというリストをつくってもらいます。そのリストに、優先順位の高いほうから「1・2・3」と番号を付けさせます。こうして生徒が今すべきことが何かを理解したら、残りの時間を使ってもっとも優先順位の高い課題に取り組んでもらいます。

生徒には、授業以外の活動も授業の課題と同じく重要であることを理解させましょう。このこ

(5)　生徒の感情に興味をもたれた方は、『感情と社会性を育む学び（SEL）』（前掲）と『すべての学びはSEL』（仮題・二〇二二年予定）を参照してください。

(6)　宿題の出し方に関しては、『宿題をハックする』が参考になります。

とは、不安を抱えている生徒にとってはとくに重要となります。彼らは、自らを休ませるといった行為をあまりしないからです。休憩や気分転換は、燃え尽きてしまうことを防ぐために必要なのです。

生徒とカンファランス（面談）を行う

面談は保護者のためだけではありません。保護者との面談は、教師と生徒が話し合ったあとに行うというのがもっとも効果的です。生徒と一対一で話をすることは、授業に関するフィードバックをしながら、彼らが感じている困難について聞けるという重要な時間となります。生徒のことをより知るために、勉強以外の身近な話題についても話しましょう。

この時間において、自らコントロールできているという時間を提供するとともに、感情を露わにして、何を必要としているのかを主張してもよいと教えれば、不安を抱えている生徒は多くのものを得るはずです。

教師は、最低限のことをやるにしても時間が足りないと感じているため、生徒と一対一で定期的に話をするための時間をとることは不可能だと思っています。しかし、毎日「選択の時間」を実践すれば、このようなカンファランスを行うための時間は確保できます。

なお、不安を抱えている生徒自身が意味のある活動を選べるようにサポートすることからカンファランスをはじめていきましょう。さらにもう一歩踏みこんで、なぜその課題に取り組もうとしたのかについて尋ねれば、不安を抱えている生徒は声を上げ、必要なことを自己主張するようになっていきます。[7]

五六の個性を扱う

ムーア先生とリー先生は、夏休みを使って新しい選択科目のカリキュラムをつくっていました。理科と社会科を合わせて教えるという選択科目で、「科学と政治」という授業です。この授業は、専門家によって噴火が予想されているカルデラのある、イエローストーン国立公園（アイダホ州、モンタナ州、ワイオミング州）で四泊五日の旅行をしながらつくられたものです。

キャンプをして滞在している間、ムーア先生とリー先生は、州知事が「イエローストーンの噴火に備えるべきか否か」と話していたことについて考えていました。もし、キャンプ中に噴火が起きたらひとたまりもありませんが、そのような大惨事から避難する手段はあるのかと考えをめ

（7）　カンファランスについては、六三ページに掲載したＱＲコードで紹介されている本において中心的な教え方が示されていますので参考にしてください。『増補版「考える力」はこうしてつける』には、生徒主導の三者面談が紹介されています。これをすると、評価と教え方がガラッと変わります！

ぐらせていました。このような状況で、「科学と政治」という授業において中心となる問いが生まれました。それは、「政治や政策は、私たちがもっている科学的知識を反映しているのだろうか?」というものです。言い換えれば、「政治家は、責任をもって科学的な知識を用いているのか?」ということになります。

ノースアンダーソン高校は、ムーア先生とリー先生がつくった新しい選択科目に関する授業企画案を前年度末に承認していました。そのため二人は、企画案に示されているヴィジョンに基づいて、より具体的に授業をデザインする段階に入っていました。

この授業が魅力的なのは、科学と社会科のどちらの単位として数えるのかが選択できることです。科学が得意な生徒も、そうでない生徒も、社会科とのつながりの強い授業で科学の単位が得られる機会となるのです。

ムーア先生とリー先生は、お互いの科目内容に興味をもっていましたが、二人とも教えるだけの理解をしていないと感じていました。そのため、授業のなかで生徒と一緒になって学ぶことを楽しみにしていました。さらに、同僚が教えている様子を定期的に見られる機会となり、教員研修の場としても効果的なものとなりました。よって二人は、この科目が学校でもっとも人気のあるものになると期待していました。

とはいえ、これは完璧なシナリオとはなりませんでした。管理職は、「科学と政治」の授業において、科学の教師が科学の課題を評価し、社会科の教師が社会科の課題を評価するとは考えませんでした。課題の内容にかかわらず、すべて二人が半分ずつ負担すると考えていたのです。そのため管理職は、ノースアンダーソン高校の一クラス平均となっている二八名の、倍となる五六名をその授業の生徒数としました。

ムーア先生とリー先生は、授業の初日に五六名の生徒が待っているのを見て、気が滅入ってしまいました。とはいえ、準備をしながら二人の教師は、クラスの人数が大きくなってしまいそうだなと予感はしていました。

そのため、大きなクラスでも丁寧な指導ができる方法について考えはじめ、各授業を少人数グループに分けて活動できるように計画しました。五六名全員が同時に活動していると、不安を抱えていない生徒までさまざまな負担を感じてしまうものです。不安を抱えていたという経験があるムーア先生は、不安を抱えている生徒の場合、大きなクラスでうまくやっていくのが難しいと分かっていました。

ムーア先生とリー先生は、教室内における「四隅のディスカション」を実施しました。教室の四隅に「反対」、「強く反対」、「賛成」、「強く賛成」という紙を貼り、あるトピックについて生徒自身の考えにもっとも近いものを選び、四隅のどれかに集まります。選んだら、一緒になった考えの近い人とまず話をし、そのあとで異なる考えの人と話をします。

生徒が話している間、二人の先生は教室の中を歩き、生徒とのやり取りを行います。必要なときには、あえて反対意見を提示することでさらなるやり取りを引き出すようにします。このようにして二人は、意見を共有する際、不安を抱えている生徒へのサポートを行っています。

ムーア先生とリー先生は、不安を抱えている生徒が一つの隅で一人になってしまい、五五人の前でそのように考えた理由を話さなければならないという状況は生まれないだろうと考えて、この活動を実施したのです。

二人が実践したもう一つの方法は、授業を三つのパートに分けることです。[8] クラス全員を三つのグループに分けて各パートに割り当て、二日か、時にはそれ以上の時間をかけたあとに次のパートに移って新たな視点で学習するというものです。

一例を挙げると、病気の蔓延についての授業を次の三つのパートに分けました。[9] ①「工場畜産での死（Death on a Factory Farm）」というドキュメンタリーを視聴する、②アプトン・シンクレア（Upton Sinclair, 1878～1968）が書いた『ジャングル』（一九〇六年）を読む、そして、③病気の蔓延防止に関する提案書を証拠に基づいて書く、というものでした。

クラスのサイズが生徒にとって「感情的に」小さく感じられ、不安を抱えている生徒も意見が述べられるような方法を教師は考えなければなりません。

ムーア先生とリー先生がそれぞれのパートを回り、質問に答えたり、ディスカションを促したりして生徒の学びをサポートしていきました。こうすることによって、大人数だったクラスが約一八人ずつとなり、不安を抱えている生徒にとっては、通常のクラスと同じような環境になったわけです。不安を抱えている生徒にとっては、五五人を相手にするよりは一七人の前で意見を言うほうがはるかに気持ちが楽なのです。

再生可能エネルギーに関する授業でも、以下の三つのパートに分けて行いました。

❶電気料金の明細を読み取り、分析する方法を学ぶ。
❷八つのエネルギー源のうち、一つについてビジネス企画書を書く。
❸チェルノブイリについてのドキュメンタリーを視聴する。

ムーア先生とリー先生は何人かの保護者から、授業が生徒に大きな影響を与えているという内容のメールを受け取りました。もっとも印象に残ったメールは、不安を抱えている生徒の保護者二人からのものでした。

（8）　この「パート」は『一斉授業をハックする（仮題）』（近刊）や『ようこそ、一人ひとりをいかす教室へ』（とくに第7～8章）で紹介されているセンターやコーナーと同じですので参照してください。
（9）　動物虐待についての調査と裁判を扱ったテレビドキュメンタリーです。

昨晩、ジョンが学校から帰ってきて、電気料金の明細書を見せてほしいと言ってきました。どれだけエネルギーを使って、料金をいくら払っているのかを見たいということでした。私自身、これまで公共料金の支払いをしてきましたが、これほど丁寧に見たことはありません。なぜ明細書を見たいのかとジョンに尋ねると、「『科学と政治』の授業で学んだから」と言っていました。

ジョンがこんなにも熱心になっている様子を見たことがありません。これまでは、不安な気持ちがあるため、ジョンは授業についていくことで精いっぱいでした。ジョンは、ほかの授業も嫌いなわけではありませんが、不安から解放され、家に帰ってからも学んだことを熱心に復習している様子は、先生の授業のよさを物語っていると思います。（ジョンの母親）

先生が行っている授業に対して、まずは感謝したいと思います。「科学と政治」の授業は、ジュリアがもっとも好きな授業です。ジュリアは、毎日授業について話し、「電気料金の明細書を見せてほしい」とまで言いました！

先生は、不安を抱えているジュリアにとって、非常に素敵なことを授業でなされています。先生の授業では、ジュリアは安心して過ごせているようです。本当にありがとうございます。今は、電気料金を抑える方法を考えています！（ジュリアの母親）

ムーア先生とリー先生は、五六名のクラスにおいて、生徒自身の考えを表すことができるかどうかだけを気にしていました。すべての生徒に対してこのような懸念をもっていたわけですが、不安を抱えている生徒にとってはとくに重要なことでした。二人は、クラスのサイズを小さくすることがすべての生徒のために大切だと考えていたわけですが、不安を抱えている生徒にとってはとくに重要である、と改めて知ったわけです。

不安な心をサポートする方法——クラスを小さく感じさせる

多くの教師は、一人では扱いきれないような生徒数の授業を担当することがありますが、そのたびに心が折れそうになっています。不安を抱えている生徒は、このような課題を積極的に解決しようとする教師を望んでいます。クラスのサイズが「感情的に」小さく感じられ、不安を抱えている生徒も意見が述べられるような方法を教師は考えなければなりません。

セルフ・アドボカシーが身につくようになるには、精神的に健康であったとしても数年かかります。なぜなら、言いづらい状況にあったとしても自分のために声を上げるという意志が求められるからです。多くの人は、自分のことを後回しにしてしまいます。子どものために声を上げる母親でも、自分のこととなると消極的になってしまうものです。

聴衆が多くなったり、ステージが大きくなったりすることで、セルフ・アドボカシーはうまく機能しなくなります。しかし、安心感さえ得られれば意見が言えるようになります。

不安を抱えている生徒にとって学校という場所は、崖っぷちに立ち、多くの人に囲まれて、その目に晒されながら、そばに誰もいないと感じてしまうようなところになっています。また、不安を抱えている生徒は、サポートを必要としているのですが、誰かに助けを求めようとすると背を向けてしまい、立ち尽くして、ただ呆然と見ているだけ、と感じてしまいます。なぜ、多くの人の目に晒されると孤独を感じてしまうのでしょうか？　ある種の矛盾であり、「おかしい」と直感するような表現ですが、これが、実際に不安を抱えている生徒が教室の中において体験していることなのです。

不安を抱えている生徒をサポートするために教師が実践すべきもっとも重要なことは、目まぐるしく変化している世界は小さいもので、どうにもならないものではない、と彼らに感じさせることです。ムーア先生とリー先生は、五六人もの生徒を相手にしてもうまく実践していました。あなたの教室でも、以下に挙げる方法を試してみてください。

ファシリテーターとなる

自分たちの役割を従来の教師（話し手）としてではなくファシリテーターとして捉えることで、

ムーア先生とリー先生はクラスが小さく感じるようにしていました。二人は、授業に生徒の意見を取り入れられるよう、常に話し合いを組みこんだ計画を立てていました。教えることは、もはや知識やスキルを伝達することではありません。生徒に知識を発見させたり、必要なスキルに気づかせたりするための時間をつくるべきです。

生徒が、周囲にいる教師やクラスメイトと思慮に富んだやり取りができるような授業を計画しましょう。不安を抱えている生徒が参加できるような機会を与えることで、彼らは大切にされていると感じます。こうすれば、教室にただ座っているだけの一人と感じることがなくなり、不安を感じることが少なくなります。そして、価値ある貢献ができる一人の人間である、と感じられるようになるのです。

実際、ムーア先生とリー先生の最終試験は、生徒がどのようなことをいつ学び、またその学びに影響を与えたのが誰なのかについて説明する機会となっていました。安心して参加できる場所を不安を抱えている生徒に提供すれば、五六人という多人数でも一〇人に感じられるようになるのです。

まずは、周りの一人か二人と話をさせることからはじめましょう。そこから、徐々にグループのサイズを大きくしていきます。考え方としては、自分の考えや意見をクラスメイトと共有することに不安を抱えている生徒が、ゆっくり慣れるようにしていくことです。

科学と政治
最終試験

①できることだからといって、すぐにやるべきなのでしょうか？
授業を通して学んだことを例として三つ挙げ、問いに対して肯定か否定の立場から意見を述べなさい。中立的な立場をとることはできません。

②この授業は、あなたの考えにどのような影響を与えましたか？
授業で話し合った課題を一つ取り上げ、授業前にあなたがどのように考えていたかについて説明しなさい。授業におけるどのようなことがあなたの考えを変えるきっかけとなったのか、また課題について、現在どのように考えているのかを説明しなさい。

（注）この試験はシンプルなものですが、効果的な「科学と政治」の授業の最終試験の例となっています。

もちろん、書くことでも共有はできますが、フィードバックを必ず行うようにしましょう。こうすれば彼らの意見を大切にしていると伝わりますし、不安を抱えている生徒に対しては、自分の意見が共有されたあとでもそれを手放す必要がなく、コントロールできるものとして残ると示せます。

授業をいくつかのパートに分けて構成する

ムーア先生とリー先生は、五六名の生徒を一度に教えることはほとんどしませんでした。二人は、授業をいくつかのパートに分けて構成しました。生徒には、そのなかからいくつかの活動に参加できるようにし、アイディアを深められるようにしています。病気の蔓延やエネルギー、戦争など、いずれのトピックであっても、「科学と政治」の授業で生徒たちは文献を読み、動画を視聴し、協働し、議論するというパートを授業中にこなしていきます。

これらのパートをつくりあげることで、数に応じてクラスのサイズを半分にしたり、三分の一や四分の一にしていくことができます。生徒の感情と社会性においては、五六名や二八名よりも一八名〜一九名のクラスのほうが気持ちは楽なはずです。

不安を抱えている生徒は、このように小さいサイズに感じられるクラスであれば、より良く学びます。彼らは、大きなグループで感じてしまう不安と闘うためのエネルギーを授業に向けるようになり、授業からより多くのことが学べるようになります。

授業を「逆さまに設計」してみましょう。生徒にどのようになってほしいのかと考えることからはじめ、そこへたどり着くためにはどのような情報が必要なのかと考えていくのです。それぞれの情報は、パートにして別々に学ぶこともできます。それぞれのパートで何を学べるようにするのかについて考え、生徒が各パートを回っていくようにしましょう。

これは、授業のなかでチェックポイントを設ける一つの方法です。不安を抱えている生徒にとっては、一度に一つの課題に集中できることはよいことで、コントロールできていると感じられるほか、意見の共有がしやすくなります。(10)

生徒の協働を重要視する

打ちのめされてしまいそうになると私たちは、尻込みをしたり、サバイバル（耐えて生き延びる）モードに切り替わるといったことがよくあります。つまり、戦うか、逃げるかしかない、という状態です。

不安を抱えている生徒の場合は、消えてしまいたくなります。授業から抜けだす方法（問題行動を起こすことが多いです）を考えたり、静かに座って、出しゃばらないようにして過ごしています。セルフ・アドボカシーを身につけてもらおうとしたり、クラスを小さく感じてもらえるようにと努力しているときに、このような選択をしてほしいとは思わないでしょう。

教師は協働の学びを取り入れ、五六人の前ではなく六人の前で話すような環境をつくって、このような事態をなくすべきです。小さなグループにすることで不安を抱えている生徒は、貢献できていることや必要とされていることを感じるようになり、萎縮してしまうといった場面が少なくなります。

授業計画に目をやり、生徒を中心とした協働の方法を考えてみましょう。知識を伝えるのではなく、教材をテーマごとに分けて、グループにした生徒たちに、それぞれのテーマについて調べて発表させてみるのです。この方法であれば、不安を抱えている生徒の気持ちを和らげることができます。

彼らの心は、大きすぎない課題と少ない人とのかかわりのなかでしっかりと動きます。そうなると孤独を感じることが減り、自分の意見が主張できるようになっていきます(11)。

創造性を発揮すれば聞こえる生徒の声

マイケルは、学校に通うことに困難を抱えていました。マイケルは英語学習者ですが、学校に在籍できる時間が少なくなっていました。もう少しで、教育委員会の年齢制限に引っかかってしまうのです(12)。

マイケルは、祖国ブラジルで味わった幼いころの経験がトラウマとなり、強い不安を抱えているため、一〇日のうち九日は学校を欠席してしまうという不登校気味の生徒でした。アメリカに

(10) この項の「パート」については、一五九ページの注(8)を参照してください。また、授業の「逆さま設計」については、『シンプルな方法で学校は変わる』の一六五～一七一ページ、『「学びの責任」は誰にあるのか』(とくに第6章)および『理解をもたらすカリキュラム設計』が参考になります。

(11) この項の参考になる本としては、前掲した『「学びの責任」は誰にあるのか』(とくに第4章)と協同学習関連の本、および一五九ページの訳注で紹介した本がおすすめとなります。

(12) アメリカでは、生徒の学力によって学年の据え置きが頻繁に行われますが、教育委員会によって、学校に通い続けられる年齢制限も定められています。

移住してウィリアム・エクスター高校に入学しましたが、マイケルの不安は学習面における障害となっていました。

この不安は、授業にうまくついていけないことからはじまりました。英語での応答は簡単なものしかできないため、英語以外の授業についていくことが難しく、辛いものとなっていました。感情面で落ち着いていないうえに学習面での困難が加わり、マイケルは登校しないようになっていきました。

私がマイケルに会ったとき、彼は一一年生を繰り返しており、一九歳になっていました。中退してしまう可能性がかなり高いと考えられました。

初めてマイケルに会ったとき、高校を卒業すること以外の可能性を話し合うために、マイケルの母親を待っていました。私は、マイケルとの通訳を務めてくれるカウンセラーと一緒に座っていました。マイケルとカウンセラーがよい関係を築けていることは明らかでした。マイケルは大人しくてシャイですが、感じのよい青年だということもすぐに伝わってきました。

「マイケル、ラヴィシー－ワインスタイン先生（本書の著者）にあなたの作品を見せてあげなさいよ」カウンセラーが言いました。

カウンセラーが何について言っているのか私には分からず、マイケルをいぶかしげに見つめると、恥ずかしそうにマイケルは、膝の上にある薄っぺらなカバンに視線を落としました。あまり乗り気ではない様子でカバンを開けて、カウンセラーに言われた作品を探しはじめました。彼が取り出したのはワイヤーのロールとワイヤーカッター、そして恐竜の模型でした。

私は驚き、その作品に釘付けとなってしまいました。ワイヤーでつくられた、まさに恐竜そのものの模型が目の前に現れたのです。

「マイケルは、趣味でこのような素晴らしい模型をつくっているんです」と、カウンセラーが説明してくれました。「素晴らしいですよね」

カウンセラーがマイケルに、「どこで材料を手に入れているんだっけ？」と尋ねました。

「作業場の周りに落ちているのを見つける。使っていないやつ」

たどたどしく、マイケルが説明してくれました。

「思いつくものなら、どんな形にもできるんでしょう？」さらにカウンセラーが尋ねます。

「うん」マイケルは恥ずかしそうに答えました。

「すごいじゃない。こんな作品、見たことがないよ。すごい才能があるんだね」と、私は感嘆の声を上げました。

しかし、マイケルはすぐに模型と材料をカバンにしまいました。マイケルがその才能を隠し、精神的にいっぱいいっぱいになっており、さらなる不安が襲ってくるような現実と向きあおうとしている様子を見て、私は心を痛めました。そして、マイケルの趣味と幸せを学校がサポートすることさえできれば、一年後には中退ではなく卒業しているかもしれないと思いました。

教師は、不安を抱えている生徒が、不安を気にすることなく、彼らなりの楽しみを受け入れるようにしなければなりません。不安を抱えているすべての生徒が、学習面においてうまくやっていくための方法を身につけているわけではありません。不安を抱えている生徒に対するサポート方法を多くの教師が理解しようとすればするほど、不安を抱えている生徒も、教室の中で不安に対するコントロール方法が見つけられるはずです。

さらに、不安を抱えている生徒がそれを発散する場をもっているとしたら、教師はそれをどのように普段の生活に取り入れられるのかについて考える必要があります。

絵は描きませんが、マイケルはアーティストです。制作したものは作品として認められるべきです。しかし、彼の高校には、ワイヤーを使って制作する場所もなければ、マイケルが楽しめるような活動もありません。それらさえあれば、彼は高校生活における不安を乗り越えられるかもしれません。

不安を抱えている生徒が、学校の中で創造性を発揮できるようにすることも重要です。創造力は、自己表現や声を上げるための究極の形なのです。不安を発散するこれらの方法を学校でも可能にすれば、不安を抱えている生徒の心は落ち着いていくのです。(13)

不安な心をサポートする方法――創造性を発揮できる授業を展開する

当然のことながら、学校では学習に多くの時間を費やします。結局のところ、学校における目的の一つとして、大学進学の準備をしているということが挙げられます。しかし、高等教育における学問の世界では、生徒がすでにもっている精神的な問題をさらに深刻なものにしてしまう課題や責任が伴ってきます。

不安の多くは心のコントロールに関する病気です。そのため、学校の課題やテストなどといったコントロールのできないものは、生徒が不安を感じてしまう原因となります。不安と闘ってエネルギーを消費してしまわないように、別の方法を考える必要があります。もし、不安を抱えている生徒が創造性を発揮することによってそれが発散できるのであれば、それを活用して、彼らがその方法を用いられるようにするべきです。

(13)　不安というテーマで書かれた本ではありませんが、それを読むと、結果的にマイケルのような生徒が救われる学校づくりを紹介している本『一人ひとりを大切にする学校――生徒・教師・保護者・地域がつくる学びの場』(仮題)がありますので、ぜひ参考にしてください。学校に生徒を合わせようとはせず、生徒に合わせようとしている学校づくりが描かれています。

創造性コーナーをデザインする

生徒が一人で不安に対処する時間がとれる場所として、創造性コーナーを設けましょう。簡単なものでよいです。

マイケルは才能のあるアーティストですが、創造性はまだ洗練されたものではありません。彼のような生徒は、作品をつくるというよりも、単に課題の締め切りによってコントロールできなくなっている自分の心と向きあう場所や時間を必要としているのです。

私は、教師として多くの重要な案件の締め切りに追われています。消耗しきってしまうことを防ぐために、毎日、とくに目的を決めずに創造的な活動をするようにしています。塗り絵をしたり、日常の出来事を面白おかしくした音楽入りの動画をつくったり、一週間のうち三日〜五日は運動もしています。すべて、創造性を発揮することによってより面白い活動になるものです。

創造性は、私たちが前へ進む原動力となります。マイケルは自分の作品づくりによって落ち着くことができていますが、学校にはワイヤー模型をつくるような授業がなく、学校外でしなければなりません。もちろん、高校には美術の授業がありますが、マイケルがやりたいと思っているような作業に取り組むこと(14)は含まれていません。

学校に、メイカースペースに似たような創造性コーナーがあれば、マイケルは不安とうまく向きあうことができ、学校にいる意味が見つけられるかもしれません。

自分に必要なことを自らが見つけ、主張するセルフ・アドボカシーは、非言語的な場合でもありえます。不安を抱えている生徒が創造的な活動をすることは、自分の考えや必要なことを表現するためにもっとも重要な方法となります。

自己表現をするためにどのようなことをしているのか、というアンケートをとってみてください。その答えから、さまざまな活動のリストをつくり、毎週そのうちの一つに生徒が取り組むという時間をつくったり、活動についてクラスメイトと共有する時間を設けてみましょう。これは、非常に有効な「選択の時間」の使い方となります。

不安を抱えている生徒にとっては、アンケートに答えるだけでも自分を表現することになりますし、そのような機会を必要としています。授業のなかにアンケートで答えた活動を組みこむことで、不安を抱えている生徒はより積極的に自らを主張するようになるはずです。

ポジティブノートを作成する

私たちが生きる世界は評価や意見であふれています。毎日、私たちの周りでは、誰かの意見や

(14)　ハイテク・ローテクの両方で、ものづくりのできる場所のことです。動画作成や編集などのデジタルコンテンツづくりも可能になっています。

考えがあふれ返っているのです。それらは、私たち自身についてであったり、私たちの仕事についてであったり、とくに影響がないものであったり、考えるだけの意味がないものであったりします。

周りの意見や考えがどれだけあったとしても、常に「正しい」と思われる一つのことがあります。服を褒めてもらったり、一生懸命に取り組んだことに対するお礼のメールをもらったり、感謝のメモなどで肯定的な話をたくさん聞いても、たった一つの否定的なコメントがあれば、それがもっとも頭に残ってしまうということです。

二五名の職員が、学校における最初の二日間のスケジュールを計画し、進めるという大変な仕事に対する感謝をあなたに伝えてきたとしても、もっとも頭に残っているのは、会議中に上司から言われた「スマホの使用を控えるように」という注意事項なのです。

『生徒指導をハックする』（ネイサン・メイナードほか／高見佐知ほか訳、新評論、二〇二〇年）のなかで著者たちは、「人間の脳は、ポジティブなことよりもネガティブなことにより注意を払うようになっています。そのことを認識して乗り越える努力をすれば、生徒のストレスは軽減され、『反応』よりも『対応』しようとする、より楽観的な状態になれます」（一七二ページ）と述べ、「ポジティブな瞬間を探索する」（一七二ページ）ことを読者に提案しています。

不安を抱えている生徒が否定的なコメントを聞くことがたとえ稀であったとしても、そのコメントが、それまでのすべての肯定的なコメントや周囲からの声かけを覆い隠してしまうのです。そして、自己不信に拍車をかけることになってしまいます。

不安を抱えている生徒に、「肯定的な出来事をすべて記録するためのノートをつくってみよう」と促してください。LINEであっても、ツイッターやメールだとしても、肯定的な出来事を印刷して、自分のノートに貼り付けていくようにするのです。ノートに色を付けたり、不安や否定的な考えに向きあうために役立つものを付け加えていくようにしてもらいます。ノートに貼ることが物理的に難しい場合は、肯定的な出来事について書いてもらい、記録してもらうように促します[15]。

私は、学校のリーダーになった一年目にこのノートをつくりはじめました。この活動は、モチベーションを高めるだけでなく力を与えてくれました。不安に襲われたときには、このポジティブノートをめくりました。すると、否定的なコメントの影響が小さくなり、肯定的なコメントのほうに意識が向きました。

自分の意見を主張するための言葉を見つけるために周囲の人の言葉を利用するこ

(15)　子どもたちは（大人も！）「大切な友だち」の最後にもらうファンレターを取っておくことが大好きです！

とは、不安を抱えている生徒にとっては非常に有効な活動です。スチュアート・スモーリー[16]が『サタデーナイトライブ』[17]の「毎日の断言」で示しているように、私のポジティブノートが不安に対して、「私は問題ない。私は頭がいい。そして、みんな私のことが好きなんだ」と語りかけてくれます。何度も口にしてみましょう。それが、あなたのなかにおいて真実になっていきます。

手仕事の時間を授業中に設ける

生徒は不安になると、高まった緊張感のエネルギーに打ちのめされます。発散できなければ、そのエネルギーが彼らの心に向かって働き、不安がさらに高まっていきます。不安と闘うということは、そのような緊張感のエネルギーを、生徒がコントロールできるものへと変換させていくことなのです。

手を動かすことは、不安を抱えている生徒にとっては重要な発散方法の一つとなります。その行為によって高まったエネルギーを変換し、創造性へと向かわせることができますし、心も集中していきます。心が集中すれば不安は追いやられるのです。

不安感が高まったとき、私は息子と遊んでいます。ブロックで一緒に遊び、レゴで街をつくって、車やトラックでその街を走ることが私は好きです。これらは、市販のハンドスピナー[18]のようなものとは異なりますが、同じく効果的です。

ブロックなど、手で扱えるものをクラスの創造性コーナーに置きましょう。不安を抑えるために自分ができることは何かを理解し、不安を落ち着かせるために自分から創造性コーナーを使うようになれば、どうにもならなかった不安もコントロールできる状態になります。

前へ進む

「生徒の声」という言葉を、教育界でよく耳にするようになりました。この「生徒の声」という言葉は、授業と生活との関連性や、授業への積極的な取り組みについての議論のなかでよく聞かれます。もちろん、これらは効果的な学習に必要なものですが、生徒の主張する声を聞くこともまた必要不可欠です。不安を抱えている場合には、生徒の声はまさにセルフ・アドボカシーそのものなのです。

多くの生徒にとっては、自分の考えが主張できるような状況はごく自然に生まれますが、不安を抱えている生徒にとってはそうもいきません。教師は、声を上げることを生徒に促し、授業を

---

(16) コメディアンであり風刺家であるアル・フランケンによってつくられ、演じられたキャラクターです。
(17) アメリカで、一九七五年から土曜日の深夜に放送され続けているコメディ番組です。
(18) ボールベアリングを内蔵した玩具です。

教師のものと感じずに、生徒のものであると感じさせるようにしなければなりません。ムーア先生とリー先生は、授業に生徒の声をうまく反映させていました。不安を抱えている生徒も、五六人もの生徒がいたにもかかわらず、彼らの授業では安心してしっかりと学んでいました。

しかし、不安を抱えている生徒が、ムーア先生とリー先生のような授業を常に受けられるわけではありません。多くの生徒は、授業のなかで声が上げられず、必要としていることを主張するのが難しいのです。先に紹介したアンドレアは強い不安に悩まされていた生徒ですが、母親のティナさんが教師とのやり取りをすべて行っていました。このような状態では、アンドレア自身が主張するといったことはできません。

不安を抱えている生徒の保護者は、子どもをサポートしたいという思いから子どもの代わりに主張してしまうわけですが、これは生徒の助けとはならず、逆によくない方向へと向かわせてしまいます。

教師は、生徒自身が自分にとって必要なことは何かということを主張できるような機会を与えなければなりません。カリキュラムを終えることだけに集中するのではなく、生徒に目を配る必要があります。

生徒には、教師と心が通いあっていると感じられるようにすべきです。教室を小さく感じるようにして、創造性が発揮できるようにしましょう。生徒と一対一で話すことで関係性を構築するのです。生徒にはマインドフルネスの方法を教え、手を動かすことで集中し、不安と闘うといった余計なエネルギーを使わないように仕向けましょう。

これらの方法は、アンドレアのような生徒が不安についてより良く理解するための手助けとなり、その結果、抱えている困難や必要なことを声に出して主張できるようになっていきます。また、マイケルのような生徒にも楽しみにできる活動を提供することになり、学校をより安心できる場所へと変えていくことが可能となります。

学校は卒業後に求められているスキルを教える場、とするのであれば私たちは、どのようにして生徒の感情と向きあい、助けが必要なときに何をすべきなのかについて、自分で判断できるように教えなければなりません。セルフ・アドボカシーは生きるうえで必要不可欠なスキルです。生徒が学校の内外で感じる不安と向きあうために、授業のなかでもセルフ・アドボカシーが高まるようにしなければなりません。(19)

---

(19)　日本の教育は、この点に関しては極めて弱いというか、ほとんど何もしていないといえるかもしれません。生徒の声を発することをテーマにした『私にも言いたいことがあります！』と、七三ページで紹介したＳＥＬに関する三冊の本が参考になります。

考えてみましょう

❶どのようにしたら、生徒に教室を小さく感じてもらうことができるでしょうか？

❷どのような授業をデザインすれば、あなたは話し手ではなくファシリテーターになれるでしょうか？

❸どのようにしたら、創作活動、デザイン、制作活動を学校や授業に組みこめるでしょうか？

第8章

精いっぱい取り組むことを促す

評価の方法の転換で、不安を抱えている生徒からレッテルをはがす

私はスマート。私はスマート。私はスマート。
私はスマート、スペルはS-M-R-T。
おっと、S-M-A-R-T。
(ホーマー・シンプソン)*

(＊) アメリカのテレビアニメ『ザ・シンプソンズ (The Simpsons)』に登場している主人公です。

不安症というのは診断名です。名前がつくと、それがレッテルとなってしまい、逆境を乗り越えたり、辛い状況に耐えることが難しくなる場合があります。副校長、母親、父親、オールスター、プロボウラー、教師など、レッテルによっては避けられないものもありますが、私たちに貼られる多くのレッテルは正式なものではありません。それらは、以下に挙げる例のように、十分なデータに基づいておらず、お互いを分類しているだけなのです。

・バイクに乗るんだって？　あなたはバイカーなんだね。
・スペリングのテストで九〇点を取ったんだって？　頭がいいんだね。
・よく友達を笑わせているんだって？　あなたはコメディアンなんだ。

レッテルを貼った際に生じる問題点といえば、どんなに慎重に行っても一定の固定観念を与えてしまうことです。レッテルによって生まれてしまう期待は自らが課したものではないため、多くの場合、その期待にこたえることが難しくなります。不安症という診断を受け入れることには時間がかかり、不安を抱えているだけでも大変なのですが、そのほかのレッテルに対する期待にまでこたえようとすると、さらに追いこまれてしまいます。

不安を抱えている生徒をサポートするために教師は、レッテル貼りがもたらす悪影響や、どのようなレッテルが用いられているのか、どうしたら学校や教室でそれらのレッテルを効果的かつ迅速に取り除くことができるのかについて理解しなければなりません。

素晴らしい教師となって不安な心をサポートするというのは、大きな変化を起こすことではありません。それは、小さなことに気づき、生徒の可能性を高めるために必要なサポートをしていくという意味なのです。

私はランナーではありません

感情面において健全な生活を送るために歩みはじめた私の旅は、一〇年以上前にはじまっています。きっかけは、最初の診断が出たときでした。まずはカウンセリングを受け、薬の服用をはじめました。しかし、この旅の道のりは、今私がいる場所まで真っすぐに、きれいな道でつながってはいませんでした。さらに、地図を持っていませんでした。右に曲がる、左に曲がる、そして上りも下りもあるという道でした。

時には、道がほとんど見えず、草の生い茂ったところをかき分けて、開けた場所を探すという必要もありました。そして、開けた場所を見つけて、やっと楽に歩けるようになっていきました。もちろん、道は狭くなったり、足首を草木がくすぐったりすることもありましたが（それは今でもあります）、一歩一歩前に足を踏みだすことで道は広がっていきました。これらのことは、私が経験のあるハイカーであったり、臨床心理士であることが理由ではありません。私が困難に立ち向かってきたからこそできたことなのです。

もちろん、私はハイカーやセラピストといえるほどではありませんし、走ることに関しても「ランナー」という肩書きが得られるようなレベルではありません。これらのレッテルがついてしまうと最終的な状態を示してしまい、私には成長の余地がないかのように感じてしまいます。しかし、私たちは生きているかぎり常に成長できるのです。

私は、二〇一六年の一〇月にランニングをはじめました。二人目の子どもの育児休暇中でしたが、自分の時間ができたとき、家でじっとしているだけでは気持ちが満たされないことがありました。もちろん、子どもと一緒にいる時間はしっかりと楽しんでいましたが、ただ母親として存在していることに「飽き」を感じるようになっていたのです。

私は、二年前に四〇ドルで買ったトレーニング用のスニーカーを履いて、近所を一マイル（一・六キロ）走ろうと考えました。初めは簡単な目標ではないと思っていましたが、走りはじめて一四分後、一マイルを走りきることができました。これが理由で、私はちゃんと達成できたということ、そして、まだ向上する余地があると分かったのです。

その日から、私はランニングとトレーニングを欠かさないようにしました。第一子の出産から一年も経っていなかった二〇一四年には、パーソナルトレーナーから指導を受けはじめていました。そのときは強い「産後うつ」という状態になっていましたが、運動することによって精神的によい状態が保てる、と感じていました。新たな妊娠が分かったために運動をやめましたが、運動をすることでうつ状態に向きあえると分かりました。こうして私はアクティブさを取り戻し、今回はランニングにクロス・トレーニング(1)を追加しました。

ロードレースを走りきったことがない私ですが、以前からボストンマラソンを走りたいと思っていました。ボストンの少し南で育ち、毎年、愛国者の日(2)にテレビで見て触発されていたのです。

二〇一七年四月一日、初めて五キロのロードレースを走ると決めました。このときは、何とか三〇分を少し超えた記録で走りきることができました。その後、私は四月から一一月まで(ニューイングランドの生まれではありますが、寒いなかを走るのは嫌いです)、毎月ロードレースを走るようになりました。ハーフマラソンを五回走りきり(ベストタイ

(1)　複数の運動を組み合わせて行うトレーニングのことです。
(2)　(Patoriot's Day.) マサチューセッツ州の祝日で、独立戦争最初の戦いが起きた日を記念した祝日です。

素晴らしい教師となって不安な心をサポートするというのは、大きな変化を起こすことではありません。小さなことにも気づき、生徒の可能性を高めるために必要なサポートをしていくという意味なのです。

ムは二時間三分です）、一二五分以内で五キロを走り、一〇キロは五四分以内で走っています。このようなランニング記録をもっていますが、ランニングのパートナーと私の間では意見があわないことがあります。それは、「私はランナーか？」ということに対する見解です。

多くの場合、パートナーの彼女は私の意見を受け入れようとしませんが、私は自分をランナーだとは思っていません。単にその言葉が何を意味するのかという議論かもしれませんが、私にとってはそうではないのです。これは、アイデンティティーや努力すること、精神面、不安にかかわることなのです。

私はランナーではありません。私はファイターなのです。精神的な病を抱え、心や体に襲いかかる不安と闘うために道路へ下り立つほか、トレッドミル（ランニングマシーン）にも乗っています。たまたま、私には走ることが合っていただけなのです。

このような考え方があるからこそ、どのようなレースでも困難を乗り越えることができていますす。調子よく走れないとき（よくありますが）、もし自分をランナーだと考えていたら心の中はネガティブになり、なぜうまくいかないのかということばかりを考えてしまうはずです。そうなると、私のなかに存在している不安が、私はよいランナーでなく、今後もそうはなれないという声を大きくしていき、そのような状態に負けてしまうのです。

一方、自らを「ファイター」と呼ぶときには、調子よく走れない場合はどうやってゴールにたどり着くかを考えます。痛みと闘いながら、その状況におけるポジティブなことを考えるのです。一歩進むごとにゴールへと近づき、不安に打ち勝てると自分に言い聞かせています。

私のことを「ランナー」と呼んでしまうと、二〇一九年の夏のように、調子が悪くなった場合は走るのをやめてしまうでしょう。ですから、私はランナーではなくファイターなのです。やめてしまうということで、不安に向きあえなくなってしまうのです。

私は、週に二、三回はランニングをする二人の子どもを育てる母親であり、教師であり、状況をより良くしようという強い意志と心をもったプロフェッショナルです。もし、あなたも走ることが好きな教師であれば、走ることと教えることの本質的なつながりを、本書と同じ出版社から発行されているマイク・ロバーツ（Mike Roberts）著の『偉大なものを追い求めて――教えることはマラソンを走ることと同じ（Chasing Greatness: 26.2 Ways Teaching Is Like Running a Marathon,Times10）』(3)で見いだすことができるでしょう。

(3)　未邦訳。サブタイトルにある「二六・二の方法」というのは、実際にそれだけの数の方法が紹介されているのですが、二六・二マイルは四二・一九五キロにもひっかけています。

不安な心をサポートする方法——賢さではなく、その取り組みをほめる

生徒にレッテルを貼ってしまうと、生徒がもっている「自分」というものを破壊し、生徒の内から湧きでる動機や粘り強さを失わせてしまうという危険が伴います。初めのうちはレッテルに影響されないかもしれませんが、何らかの場面で、レッテルに込められた期待にこたえられないと感じてしまいます。とくに、不安を抱えている生徒にとっては避けられないことです。不安によって、自分は周囲の人が考えているような人ではないと考え、期待にこたえようとする行為を諦めてしまうのです。

もし、私がランナーであったとしたら、レースごとにタイムが悪くなっていくという状況はあってはならないことですし、もし私の頭がよかったら、複雑な割り算でも難しいと思わないはずです。頭のよさをほめても不安を減らすことにはならず、逆に大きくしてしまうのです。なぜなら、生徒に固定マインドセットを与えてしまうからです。それは、不安を抱えている生徒にとってはもっとも必要としないものです。

スタンフォード大学の心理学教授で、人のモチベーションについて研究しているキャロル・ドゥエック（Carol S. Dweck）は、固定マインドセットについて、「人の知能や性格、道徳心はあ

らかじめ決められており、変わることがないと信じる考え方である」と説明しています。これは、不安を抱えている生徒もあらかじめ頭のよさが決められていて、その頭のよさがどの程度なのかを証明しようと躍起になっている状態を意味しており、誤りから学ぼうとしないということになります。

自分のことを証明しようとするとき、途中に起きたちょっとした躓きさえも失敗に見えてしまいます。不安を抱えている生徒は、もう十分といえるほど失敗に対する恐怖心と向きあってきています。不安になる可能性のものを一つでも減らす方法を考える必要があります。

努力を促し、誤りから学ぶように生徒をサポートすることは、ドゥエックが説明するように、レッテルを貼るという固定マインドセットを取り除き、成長マインドセットを身につけるためのサポートとなります。

「成長マインドセットは、人の基本的な力は努力によって伸ばせるという考え方に基づいています」と、ドゥエックは述べています。では、不安を抱えている生徒にレッテルを貼ることなく、どのようなサポートが可能となるのでしょうか。

自信をもたせる

自信をもたせると大きな力になり、時に想像以上の効果をもたらします。自信をもたせることが投資だとしたら、非常に大きなリターン（利益）が得られます。不安を抱えている生徒に自信をもたせるために必要とされる労力は、感情面に与えるよい影響を考えればわずかなものです。生徒に自信をもたせると、たとえそれが小さな課題に取り組んでいるときであったとしても、不安をコントロールすることに役立ちます。彼らが達成したことは、私たちにとっては小さなことかもしれませんが、達成した人にとっては大きな一歩となるのです。

ジョニーがシェーンと分数の問題を協力して解いていることや、ジョニーがいくつかの質問をシェーンにしていることに気づかないという教師がいるかもしれません。しかし、ジョニーにとっては、クラスメイトに質問をするということは達成した一つなのです。ジョニーは非常に強い不安を抱えており、相手が自分のことを頭がよくないと考えているのではないかと恐れて、友達に質問できないということが多かった生徒なのです。

このようなことが実際に起きたとして、教師が「シェーンと一緒にこの問題を解いたのはとてもよいことだね。これからも周りにある自分にあったリソースをうまく使っていこう。よかったよ！」と言ってくれることが、どれだけジョニーに自信をもたせることになるかと想像してみてください。この言葉は、ジョニーが居心地のよいレベルから一歩進むことで素晴らしい成果を上げたことを裏づけ、この先も同じように続けられるし、するべきだと促すことにつながります。

生徒に自信をもたせることで、不安をゼロにするのと同時にジョニー自身が一歩前へ進むことになるため二倍の効果をもたらします。さらに、不安を抱えている生徒が身にまとっていると考えているレッテルもはがせます。ほかの人と一緒に活動できないとされてしまっていた生徒も、決めつけられていた枠の中から一歩踏みだせるのです。

生徒との一対一のやり取りでは、肯定的な言葉で終わらせ、自信をもたせるようにしましょう。そのやり取りがどんな理由で起きたとしても、また、たとえそれが問題行動に対しての注意であっても、学習に対する課題であっても、最後にはうまくできていることを強調してやり取りを終えるのです。

「頭がいいね」を「頑張っているね」に置き換える

私の家庭では、「頑張っているね」と言うようにしています。六歳と三歳になる子どもたちが一〇〇点のテストを見せに来たときも、ガレージでホッケーのバックハンドショットを見せてくれたときも、一人で食器をシンクに運べたときも、私は必ず「頑張ったね！　これからも続けてね！」と言っています。決して、「頭がいいね！」や「ホッケーが上手だね！」と言ったり、「すごく力持ちだね」と言ったりすることはありません。

努力や取り組み自体をほめ、頭のよさやもっているスキル、強さそのものをほめることはありません。後者は絶対的なもので、改善の余地がないものです。

もし、学校や氷の上でうまくいかないことがあったらどうなってしまうでしょうか？　うまくできるはずがないからと諦めてしまい、その困難さによって、彼らの力はそこまでであると証明されてしまうのでしょうか？　それとも、一生懸命頑張っていて、お母さんもそれを知ってくれているからと、忍耐強くやり続けるでしょうか？

教育も同じです。教師が生徒の努力や取り組みを認め、ほめてあげれば、困難にぶつかったときでも生徒は不安と闘い続けることができます。数学においても、スポーツにおいても、毎日の雑務であっても、何かを成し遂げたということは単に何かを達成しただけではないのです。それは、自分の能力や頭のよさ、スキルや強さに対する不安に打ち勝ったということなのです。(4)

一生懸命に取り組んだことを認めて喜ぶ

多くの生徒がもっとも悲しい気持ちになるのは、保護者に怒られたときではなく、保護者をがっかりさせてしまったと感じたときだといいます。生徒にとっては、教師やコーチに対しても同じことがいえます。それとは逆に、誰かの期待を裏切ってしまったときには一種のうれしさを感じてしまいます。もっとも悲しい気持ちになる場合とは反対で、自分のことが理由で誰かが喜んでくれるからです。

不安を抱えている生徒は、誰かをがっかりさせてしまうことで、押しつぶされてしまうほどの痛みを心に感じてしまいます。不安を抱えている生徒に対しては、周りの大人たちが彼らのことを認め、まちがったことは何もしていないのだと分からせる必要がほかの生徒以上にあるということです。

学校での学習や課外活動、生徒自身の興味に基づいた取り組みを、結果に関係なく認めて自信をもたせましょう。不安を抱えている生徒に対しては、「とくに」です。生徒に、彼らの取り組みを認めていると伝えることは、自信をもたせるためにもっとも重要となります。たとえ小さくても達成可能な目標を重要視しているのであれば、不安を抱えている生徒が何かを達成したときには、私たちがそれを認めていることや、どのように感じているのかを伝えていかなければなりません。次のような言葉を、教室で定期的に使うようにしてください。

「この課題に対して、みんなが一生懸命取り組んでいるのでうれしいです」
「諦めることなく、みんながこの題材に取り組んでいるのがうれしいです」
「課題にクラスメイトと協力して取り組んでいて、素晴らしいですね」
「しっかりとサポートを求めている様子が素晴らしいです」

（４）ほめ方を含めて教師の言葉の投げかけ方については、『オープニングマインド』と『言葉を選ぶ、授業が変わる！』が参考になります。

あなたが、不安を抱えている生徒にその取り組みを認めていると伝えれば伝えるほど、彼らは不安と闘い続けるための気力を高めていきます。

数字によるレッテル貼りをやめる

教えるようになって一二年目の途中、私は評価の方法を大きく変えることにしました。AP生物を一〇年ほど教えてきましたが、年度末のAP試験に向けて、適切な準備を生徒にさせるような評価ができませんでした。さらに、不安を抱えている生徒に対してはよくない影響、つまりテストの点数などという評価を与えていました。

一生懸命に取り組むという生徒たちでしたので、試験に向けての準備がうまくいかないのは彼らの責任ではありません。私も、授業におけるテストの期間を短くしたり、質問する項目を変更したりと、できることはすべて行ってきましたが、それでも不安を抱えている生徒の場合、うまくいかないことがありました。授業でテストをするときに彼らが発したコメントは次のようなものでした。

「またテストか……。また、赤点を取るだけだ」

「Aを取ってきたのに、この授業のテストでDを取るようになったよ」

「もう、勉強は意味がないよ。いつも赤点なんだから」

「この授業でこの成績だと、自分はダメな生徒ということになる。ずっと勉強をしているんだけどね……」

　このようなコメントを何年も聞き続けたことで、テストは生徒にレッテルを貼っているだけだと、はっきり理解できるようになりました。不安を抱えている生徒にとってのテストとは、変えることのできないレッテルを数字で貼ることだったのです。

　五四点のあなたは、赤点を取った生徒です。

　六六点のあなたは、生物が不得意な生徒です。

　七二点のあなたは、みんなと大体一緒です。つまり、平均的な生徒です。

　不安を抱えている生徒からこのようなレッテルをはがす必要があります。私は、そうすることを決意し、具体的には次のように考えました。

　自転車の乗り方を習うというのは、子どものころに共通している経験です。多くの人が三輪車からはじめて、補助輪をつけた自転車に乗り、その補助輪が取れた自転車に挑戦して、まずは転ぶという失敗をします。この失敗は、自転車に乗るのが下手ということでしょうか？

　人によっては、たった数回の挑戦で自転車に乗れるようになります。それが、一日だったり、数日だったり、もっと長いという人もいます。最終目標は何でしょうか？　自転車に乗れるようになることですよね。

自転車に乗るための練習風景を思い出すとき、何歳だったのかや、どれくらいの時間がかかったのかについて話すことはほとんどありません。乗れるようになったかどうかを話すだけです。つまり、最初の結果だけでレッテルを貼ることはありません。初めて練習をして、うまくいくとは誰も思っていないからです。難しさを乗り越えながら挑戦を続け、バランスが崩れたときにどのように調整すればいいのかを体験し、やっと自転車に乗れるようになっていきます。

私は思い切って、不安を抱えている生徒に対しては、テストなどによって付ける数字というレッテルを取り除くことにしました。

「それじゃあ、進化についてのテストを返しますね」と告げました。

ブツブツと言う声が、まるで合唱の練習をしているかのように部屋中を満たしていきました。

「赤点だ」と、メーガンが笑いながら言います。

「生物は本当にダメなんだよね」ジョンが決まり悪そうに笑っています。

「みんな、ちょっと待って」私がみんなに言いました。「テストに載っている成績（点数）は、そのまま評価としての成績に使うことはありません」

すぐに、教室全体の注目が私に集まったことが分かりました。この言葉が、全員の心を一瞬にして困惑させたようです。

「どういう意味ですか?」メーガンが尋ねます。

「説明しますね。テストは家に持って帰って、もう一度やり直すことができます。このあと、みなさんがクラスメイトと一緒に私と話ができる時間を三日間とります。放課後となりますが、その時間にみなさんが私に対して、まちがった問題の正しい答えは何か、なぜそれが正しいのかについて説明をしてください。うまく説明できたときには、まちがった問題の点数を取り戻すことができます」

「じゃあ、何かを書いて提出する必要はないということ?」また、メーガンが尋ねました。

「ノートを持ってきて話をしてもいいです。それを提出してもらう必要はありませんが。私だったら、テストを見直して問題を解き直し、正解についてのノートをつくり、口頭でどのように説明するのかについて考えておきます。もし必要であれば、説明の仕方を書いたノートを持ってきてもいいですよ」

「じゃあ、テストについて先生と一対一で話すということですよね。もし、まちがってしまったらどうなるのですか?」

「それについてですが、大切なのは内容をしっかりと学ぶことです。まちがいから学ぶこととはても大切なことで、初めてやって成功してしまうよりも重要かもしれません。私は、みんながテストの結果で自分のことについて否定的に話している様子を見るのが嫌になってしまいました。そこから何も学んでいないようだし……。時々、同じ問題を繰り返し出していますが、二回目も三回目もまちがえています。内容を学んでいれば、何度もまちがえることはないでしょう?」

生徒たちは何も言いません。つまり、私の言ったことを認めたということです。

「ここに、三日間を五つの時間帯に分けた表（サインアップシート）があります。誰と一緒にやるのかを考えて、一つを選んで名前を書いてください」

生徒たちはすぐに話しはじめ、一つずつ埋まっていきました。私は全力で取り組むつもりでしたし、生徒もやる気になっていました。

テストに関する新しいアプローチについては確固たる考えをもっていましたが、簡単にはうまくいかないだろうと内心思っていました。この変更が、テストの成績を上げるとともに不安を減らし、より効果的なＡＰ試験に対する準備となるのかどうかは分かりませんでした。しかし、この変更をなし得たことで、結果的にこの三つにとどまらず、授業の雰囲気や文化まで変えていったのです。

生徒たちは、内容について私と話すだけにとどまらず、お互いに協力して学ぶようになりました。約束時間の前に私のオフィスに集まり、質問について話し合い、正解の理由についてお互いに説明をしあっていたのです。生徒たちは学びに参加し、協力していました。準備をしていないことで私をがっかりさせないように努めていたのです。

教師と話さなければならないという不安を、生徒たちはすぐに乗り越えていきました。そして、この話し合いの時間は、ＡＰ生物だけのやり取りではなくなってしまいました。一人ひとりの生徒と関係を築く時間となり、本物のやり取りをする時間になっていったのです。互いに笑いあい、冗談を言いあい、時には泣くこともありました。「テスト直し」の時間は、良好な人間関係を築きあげるための有効な時間となったのです。

テストは、不安を抱えている生徒がどうにもできないもの（赤点、生物は不得意、一生懸命に取り組まない人）としてレッテルを貼ったものから、本物の学びが起きる時間となっていきました。テストの結果はあくまでも通過点であって、その時点でどの程度理解していたかを知る目安でしかないのです。それによって、次はどこに集中して学べばよいのかを教えてくれるものとなります。

テストの結果を最終的なものとして扱うことをやめ、一生懸命に学べていたか、努力をしたかという点を評価の中心としました。この二つこそが、不安を抱えている生徒にとっては認められるべきものであり、決して苦しめられるものではありません。

不安な心をサポートする方法——評価方法を見直す

成績をつけることに関しては、教育界において激しい議論が交わされています。(5) 成績についてのやり取りは、強い思いから来る意見の相違や反対意見につながることもあります。ここで、どのように成績をつけるべきなのかについて話したり、よい成績づけの実践を紹介するつもりはありません。(6) しかし、多くの生徒にとっては、成績という形でレッテルが貼られることによって不安が増幅されている、と強く言いたいです。

生徒からすれば、成績は失敗に対する恐怖を生みだしてしまいます。それは、解答用紙に書かれる数字によってではなく、最終的な評価や、それによって貼られるレッテルによって引き起こされます。

数字は、「頭がよくない」ということや「しっかり頑張らなかった」ということを伝えてしまいます。その数字は、「よく頑張りました。六三パーセント理解できています。このまま頑張りましょう」という内容を伝えることはありません。

私は、最初にうまくいかなくても自転車に乗ることに挑戦しました。すぐに転んでしまったので、最初の成績は0点だったでしょう。いや、転ぶ前に五秒間乗れたので5点だったかもしれません。その段階でこのような成績がついてしまったら、そのあとに挑戦することはできないのでしょうか？

成績についていえば、生徒がどのくらい成長したのか、どの程度自信をもてるようになったのかを反映できるようにして、不安を生みださないようにしていく必要があります。以下の方法によって、生徒に貼りつける数字というレッテルをはがすようにしてください。

やり直しを認める

学びの目標は、「ある期日までに内容を身につけること」でしょうか？　それとも、「内容を身につけること」でしょうか？　私にとってもっとも大切な学びは、初めからうまくいく公式を考えて、それを実践する過程で学んだことではなく、これまでの失敗から学んだことです。

数年前に参加した研修において、よくある六つの考え方から、「自分の成績のつけ方について の信条を選ぶように」と言われました。同じグループになった多くの教師は、成績はどの程度内容を身につけたかを評価する方法である、というものを選んでいました。成績は、決められた期

（５）日本では、その議論があまりにも少ない状態が続いています。それ自体が大きな問題です。
（６）それに特化した本が『成績をハックする』、『Giving Students a Say（聞くことから始めよう！）』、『Assessing with Repect（敬意を込めた評価）』、『テストだけでは測れない！』です。興味のある方はご参照ください。

日や決められた方法で学ぶことができなかった生徒を罰する方法ではないはずなのに、そのように使われていました。そして、不安を抱えている生徒も成績をそのように捉えているのです。

学校は生徒を教えるための場所であって、罰する場所ではありません。自分にとってちょうどよいペースで学べるようにすれば、落ちこぼれているのではなく、「まだ」たどり着いていないだけだと生徒は考えるようになります。『セサミストリート』の製作者は「まだ」の力に感銘し、そのことについての歌をつくっていました。この歌は、ユーチューブで一億一六〇〇万回以上の再生数を記録しています。(7)

このように考えてみてください。ランニングをするとして、はじめてから一週間もしないうちに、私があなたに五キロを走るようにと指示し、三〇分を切れなかったのは一生懸命取り組んでいないからだ、と伝えたとしたらどのように感じますか？　その時点では達成できていないでしょうが、一生懸命取り組み続ければ達成できるのではないでしょうか？

テストを含む課題のやり直しはすべての生徒にとって非常に重要なことですが、とくに不安を抱えている生徒にとっては重要となります。やり直しという機会があれば、生徒は赤点をとったということではなく、まだ達成できていないだけだと理解するようになります。そして、これまでの取り組みが認められるとともに、改めて取り組むようになるのです。

二人の生徒が同じ成績をとった場合、それが一回目でとれたのか、見直しをしたあとにとれた成績なのかについては、私はまったく気にしていません。自転車で転んだときには、毎回、修正をしながら再挑戦をしてきました。学校も同じでいいはずです。

課題をやり直すための方法を考えることからはじめましょう。私は、生徒と教師が話し合う機会をもたないやり直しはうまくいくはずがない、と思っています。生徒は、よい成績が欲しいだけなのです。単に、レッテルを貼り替えたいだけなのです。

しかし、教師として私たちは、生徒に学んでほしいという事実を忘れてはいけません。やり直しの計画を作成したら、すぐに実践しましょう。そこでは、生徒たちがより良く学ぶ様子が見られるでしょうし、不安が減っていることが分かるはずです。

赤を使わない

赤という色は強い感情を伝えてしまいます。力、怒り、情熱、危険などです。それにもかかわらず教師は、フィードバックや成績をつける際に赤いペンを使っています。私が生徒だったころのことですが、課題やテストのあちこちに赤があるのを見て気力を失っていました。

すべてのコメントや印がどこまでも追いかけてくるような気がして、それを変える

（7）　https://youtu.be/XLeUvZvuvAs　下記のＱＲコードで見られます。

術《すべ》が何もないと思わせるような感じでした。赤色は、フィードバックややり取りができると思わせるものではなく、結論を見せられているだけというものでした。

そのような無力感は、不安や不十分さに対する思いをより強くさせ、セルフ・アドボカシーを育むことになりません。成績を見て、そこから送られてくるメッセージを呑みこんで、抜け殻のように次の課題へ移っていくだけという生徒もいるのです。

成績をつけたり、フィードバックをする際にほかの色に替えるという単純な行動がすべてを変えていきます。これによって、教師がレッテル貼りを葬り去ろうとしていることを暗に示せます。不安を抱えている生徒に対しても、教師が一緒になって取り組もうとしていることが伝わり、単に能力を評価する存在ではないと分かります。

失った点数ではなく、獲得した点数を記録する

成績というものが、基準に対して生徒がどのあたりにいるのかを示すものだとすれば、まだ達成できていないことに焦点を当てる必要はあるのでしょうか？　まちがえたことを指摘することが、これからよくしようというモチベーションにどの程度つながるのでしょうか？

赤ペンの使用をやめたとき、私はテストの採点方法を変えることにしました。減点法ではなく加点法で記録するようにしたのです。これによって、生徒からの質問は、「これはどうしてまち

がっているのですか？」というものから「何が足りなかったのですか？」へと変化しました。前者は挑戦的ですが、後者は知りたいという思いから発せられているものといえます。

不安を抱えている生徒とやり取りをすることからはじめましょう。やる気を削ぐのではなく、やる気を出させるためにできることは何でもしましょう。課題で「プラス2」を見れば、「マイナス1」を見たときよりやる気が出ます。ものの見方を変え、よい部分を見るようにしましょう。そうすることで、不安を抱えている生徒には、完璧でいられなくても常に何か価値のあることをなしえていると伝えられます。失った点数で成績を示すことをやめましょう。生徒には、獲得した点数を示すようにすべきです。

前へ進む

人生においては、肉体的にも精神的にも多くの困難が待ち受けています。不安を抱えている生徒にとっては、単純な課題でも、常に感じている不十分さや恐怖、コントロールできないという思いから困難なものになってしまいます。毎日苦しみ、闘っているのです。

不安を抱えている生徒は、評価の判断を下したり、レッテルを貼ったりするのではなく、うまくできたことやよい取り組みを喜んでくれる教師を必要としています。よい取り組みを喜ぶという姿勢とは、生徒を励ましたり、一生懸命に取り組んでいる際に声をかけたり、一生懸命な取り組みを誇りに思っている、と伝えることです。

これは、「すごく頭がいいね」や「数学が得意なんだね」といった言葉で伝えるということではありません。これらの言葉は、生徒を喜ばせる場合に使われることが多いのですが、不安を抱えている生徒の場合、困難を抱えたときに耐えてやり抜くことを難しくしてしまいます。(8)

不安を抱えている生徒に対しては、成績が貼ってしまうレッテルについても私たちは考えなければなりません。成績について考え直すことで、自分の学んだことを示せる新たな機会を生徒に提供できるのではないでしょうか。引かれた点数ではなく、獲得した点数を知るようにしたり、赤ペンで評価をつけることをやめれば、不安を抱えている生徒は失敗を感じにくくなりますし、より難しい課題や困難な状況でも闘い抜けるようになります。

このような小さな変化は取るに足らないもののように思うでしょうが、それらが発する小さなメッセージが世界を変えることにつながるかもしれません。

不安を抱えている生徒が初めて自転車に挑戦し、転んだとき、彼らは「世界で一番自転車に乗るのが下手なんだ。本当に下手。乗れるようになんかならない」と考えてしまいます。そんな彼らに赤で「5点」と書いたメモをわたして、すぐにスケートボードに挑戦させるようなことではない、内なる声を変えることはできません。その行為は、彼らの声を正しいと裏づけているだけです。

本書を執筆していることで私は強い不安を抱いていますが、私は自分自身に、「自分は作家などではなく、一生懸命取り組む人である」と言い聞かせています。これが、執筆を何とか可能にしてくれている唯一の方法となります。

生徒からレッテルを取り去り、開かれた会話と振り返り、そして自己評価によってエンパワーする方法については、スター・サックシュタインが著した『成績をハックする』（高瀬裕人ほか訳、新評論、二〇一八年）がおすすめです。

不安を抱えている生徒からレッテルを取り除くことができれば、生徒をエンパワーし、闘い続けることが可能となります。

考えてみましょう

❶あなたの授業や学校で、どのようにしたらレッテル貼りをなくし、一生懸命な取り組みを促すことができるでしょうか？

（8）　これは、個人を対象にした言葉か、していること（プロセス）を対象にした言葉かの違いがあります。詳しくは、『オープニングマインド』を参照してください。

❷あなたの成績に対する考えはどのようなものですか？　あなたの成績のつけ方は、その考えを反映していますか？

❸生徒の成績に関する不安を減らしながら、あなたの成績のつけ方に関する考えをより反映した成績づけを実現するために、明日からどのような変更ができますか？

第9章

ルーティーンを守る

不安を抱えている生徒の心と体のために、明確で一貫したルーティーンをつくる

それがどのようなことであるかによって、
習慣は私たちをつくりもするし、
壊しもする。私たちは、
それを繰り返し行うことによってつくられている。
（ショーン・コヴィー）*

（＊）（Sean Covey）『７つの習慣』の著者スティーブン・R・コヴィー博士の息子で、『７つの習慣ティーンズ』（キングベアー出版、2014年）の著者です。

不安をコントロールするためにもっとも有効な方法の一つは、ルーティーンをつくって、それを守ることでした。私のルーティーンは徹底されていて、起きる時間や、いつ何を食べるかまで決まっています。人によっては、私のようなルーティーンは厳格すぎるかもしれませんが、私にとっては不安をコントロールするために効果的であり、必要なものでした。

不安は、ふとした時間に予期せぬところから現れます。不安を抱えている生徒が何をすべきか決まっていない時間をもて余すと、彼らの心はその時間を埋めるために動きだし、時には自己否定をしたり、不安を増幅させてしまいます。

このような生徒は、つくりあげたルーティーンがさまざまな物事によってうまく機能しなくなると、一気に不安な気持ちに襲われてしまいます。そうならないように教師は、単純なルーティーンをできるだけ多くつくるようにしていく必要があります。

授業におけるルーティーンをつくって、不安を抱えている生徒が不安を感じないようにサポートしましょう。また、彼らの身体的・生理的なルーティーンを優先しながらも、ルーティーンが崩れてしまったときには再構築できるようにサポートしていくのです。そうすれば、生徒の不安やパニック状態が見る見るうちに減っていく様子が確認できるはずです。

優秀な教師の期待にこたえる

グッドウィン先生は、表彰されたこともある優秀な教師です。地方にある公立高校の数学教師で、その町では誰もが知っているという存在でした。全米最優秀教師に二度選ばれており、コーチとして数学チームを全国大会へ何度も出場させてきました。

グッドウィン先生の教え方は、ほかの人とは異なり、教室にＩＣＴ機器がなかったときですら先進的なものでした。教科書や既製のワークシートを使うこともありませんでした。グッドウィン先生は、テストも含めて、単元のなかで扱ったすべての問題を自作のワークシートに書いていましたが、それらのなかに選択問題はありませんでした。また、テストは予告されることなく行われ、より実践的なものとなっていました。

グッドウィン先生が教える教材は、よくある単元計画とは異なる形で計画されていました。生徒は用意された問題に取り組み、必要に応じてクラスメイトと一緒に考えます。そして、ある日、いつものように教室に入ると、机の上に何も書かれていない用紙が置かれているのを目にします。その日がテスト日ということです。

事前に知らせずに実施するテストというのはユニークな方法です。抜き打ちの小テストであればほかの授業でも受けるでしょうが、抜き打ちの単元テストを受けるということはあまりないでしょう。

グッドウィン先生は、テストの日を事前に伝えない理由として、「生徒は、常に準備ができていなければならない」と説明しています。宿題のチェックをしないのも同じ理由からです。宿題は、出すことで生徒がそれを行い、テストでよい結果を出すための準備となるからです。もし、生徒が宿題をしなかった場合は、授業中に当てられたときにうまく答えられなくて困るだけですし、テストでもよい結果を出すことはできません。

グッドウィン先生は、上級の数学コースを教えていました。九年生のときの担当がグッドウィン先生であれば、その後の三年間もみんな同じクラスとなります。(1) グッドウィン先生が信条としていることは厳格なもので、九年生の初めに二五人ほどだった生徒は少しずつ減っていき、一二年生になると一五人以下になっています。最上級生のときにグッドウィン先生のクラスにいるということは、その事実だけで大きな達成感が得られるということです。

さらに、グッドウィン先生が教える内容は、数学にとどまらず、精神的な強さや忍耐、意思決定などにまで及んでいます。しかし、です。生徒がそれらを得るのと引き換えに失ったものは何だったのでしょうか？

早い場合、生徒は六年生のころからグッドウィン先生の授業をとることを意識しています。ブライアンも同様でした。ブライアンは三兄弟の末っ子で、上の二人もグッドウィン先生に数学を教わっていました。二人とも、数学の授業でも、数学チームでもよい結果を残していました。

新入生としてブライアンは、グッドウィン先生が教える上級の数学に、ほかの二五人と一緒に所属しました。学習面では、ブライアンは二人の兄と同じような能力がありましたが、感情面では、何とかコントロールしてきた不安に悩まされるようになっていました。

ブライアンは、可能なかぎりの準備をして授業の初日を迎えました。お兄さんから彼は、「初日には１から30までの二乗と、１から900までの平方根を覚えておく必要がある」と聞いていました。グッドウィン先生が、授業中に口頭でクイズを出してくるからです。最初によい印象を与え、不安をできるだけ軽減することは、ブライアンにとっては非常に重要な準備でした。

夏を通じて、ブライアンはすべての数字を記憶しました。学校の初日、ブライアンはグッドウィン先生からできるだけ離れた一番後ろの席に座り、指名されないことを願っていました。しっかり準備したにもかかわらず、ブライアンはそのように願っていたのです。

ブライアンは最初の授業で何が起こるのかを事前に知っているわけですから、教科書もいりませんし、言い訳もいらず、恐れる必要はなかったはずです。しかし、グッドウィン先生が教室の

（1）　アメリカの高校の年数については、五ページの注（2）を参照してください。

前に立った途端、ブライアンの頭は真っ白になってしまいました。年齢は七〇代、一七〇センチに満たない身長にもかかわらず、教室どころか、町でもっとも目立つ存在であるグッドウィン先生の威圧感は、ブライアンが想像していた以上に凄かったのです。


「256の平方根は？　ブライアン？」

「僕ですか？」

「いや、こちらのブライアンだ。ブライアン・ウィリアムソンくんだ」

ブライアンはパニックになってしまい、手に汗が滲んできます。

「えーっと、15ですか？」

「ウィリアムソンくん、それは質問かい？　それとも答えかい？」

「答えです」

ブライアンの心臓は高鳴ります。答えは15ではなかったか？　いや、15だったはずだ。ブライアンは分かっていたはずでした。

「夢でも見ていたのかな、ウィリアムソンくん」

「いいえ」

グッドウィン先生が背を向けました。

「では、私のネクタイは何色だったかな？」

ブライアンは黙ってしまい、汗が吹きでてきました。

「ウィリアムソンくん、聞いているかね？」

「えーっと、青でしょうか？」

「それは質問なのか、答えなのか、どちらなのかな。ウィリアムソンくん」

「答えです」

グッドウィン先生は前を向き、次のように言いました。

「赤だ、ウィリアムソンくん。君は三〇分ほどずっと私を見ていたはずだが、ネクタイの色も分からない程度の見方だったのかな？」

「すみません」

ブライアンは何も考えられなくなり、心臓の鼓動が激しくなっていました。

「謝る必要はない、ウィリアムソンくん。256の平方根だ、ウィリアムソンくん」

「15です」

「答えかね？」

「はい、答えです」

「平方根について、もっと学ばなければならないね、ウィリアムソンくん。明日、また尋ねることにしよう。では、デイビッド」

「16です」

「そのとおり」

グッドウィン先生が向き直り、黒板のほう向いて教えはじめました。

ブライアンには何が起きたのか分かりませんでした。答えが「16」であることは分かっていたはずなのに、なぜ「15」と言ってしまったのか。ブライアンは完全に打ちのめされ、不安が彼の全身を覆っていました。

ブライアンには、さらなる準備が必要だったのです。このような簡単な問題に答えられなかったブライアン、この先に待ち構えている、より大きな課題に対してどのように立ち向かえばいいのでしょうか？

ブライアンがグッドウィン先生のクラスで経験した初日の不安は、残念ながら、最初の一か月はほとんど治まることがありませんでした。ランチでも、授業の直前でも、常にブライアンはテストがあるのではないかとソワソワしてしまい、授業中も集中できず、数学が理解できなくなっていました。

ブライアンは、これから起きるかもしれないことへの不安にエネルギーを使いすぎて、力が発揮できなくなっていたのです。心を落ち着かせることだけにいっぱいいっぱいとなり、実際に最初のテストが行われたときには不安に打ちのめされ、テスト問題が外国語に見えるほどでした。

ブライアンは、自分のパフォーマンスに納得できませんでしたが、不安はそれで終わりませんでした。テストが返ってくる日、自分はどうなってしまうのかという不安で頭がいっぱいとなっていました。

グッドウィン先生は、成績のつけ方も一般的な方法ではありませんでした。テスト用紙に正解の割合を書いてわたすのではなく、一枚目の上に、丸で囲った数字を書いて返却しています。その数字は、テストで失った点数を示しています。

テストを返却された生徒は、グッドウィン先生が成績の範囲を黒板に示すのを席で待ち、自分の成績を判断します。その範囲は毎回変わり、時には0～5が「A」となり、時には0～13が「A」になります。ブライアンは、いつもめまいを感じる思いをしていました。いつテストがあるか分からず、返却されてもよい成績だったのかどうかが分からないからです。グッドウィン先生がすべてをコントロールしており、ブライアンにコントロールできるところはありません。自分の不安でさえコントロールできない状態なのです。

グッドウィン先生の授業を受けはじめた最初の一か月で非常に強い不安を抱き続けたブライアンは、この状態を四年間も続けることはできないと感じていました。このような心情と、最初の試験がうまくいかなかったことで、ブライアンは重要な決断をしました。

ブライアンは、一〇年生になる前にグッドウィン先生のクラスをやめた一一人の、最初の生徒となりました。いつ授業中に指名されるのか、いつテストがあるのか、返却されたテストに書かれた数字が何を意味するのか、これらを常に不安に思うという日々は、耐えられる容量をはるかに超えていました。明確なルーティーンのなさが、ブライアンの不安を強くしていったのです。

教師が授業のルーティーンを構築すれば、生徒は何を期待されているのかについて理解しやすくなります。不安を抱えている生徒の場合、期待されていることを理解しておれば、自らの不安をコントロールして困難を乗り越えられます。生徒にとって理解しやすく、受け入れられるルーティーンを教師がつくりあげれば、不安を抱えている生徒でも自分がコントロールしているように感じられます。とくに不安を抱えている生徒に対しては、授業におけるルーティーンを明確にして、それに一貫性をもたせることが必要です。

不安な心をサポートする方法――ルーティーンを実践する

グッドウィン先生は素晴らしい教師[2]ですが、特殊でもあります。グッドウィン先生の教え方は、私が三〇年以上（生徒として一七年間、教師として一六年間）教育に携わってきたなかにおいても見たことがありません。賞を受賞するような教師ですから、グッドウィン先生の教え方は効果的なのでしょうが、教師に従って静かに耐えること、あるいはブライアンのように受講をやめる生徒がいることを前提にしたもののようです。

四年間、私はグッドウィン先生の教え方になんとかついていき、一人で静かに苦しんできました。しかし、この事実は、私が不安とうまく向きあっていたということではありませんし、グッドウィン先生の教え方が今日においてもうまくいっているということではありません。学校における不安に対する最新の理解に基づけば、グッドウィン先生の授業は、二〇年以上前よりも合わない生徒が出てくるだろうと予測されます。

教師がどれだけ象徴的な存在であったとしても、一貫性や規則性のなさは、不安を抱えている多くの生徒にとっては、二一世紀という時代が与えるほかのプレッシャーも含めてよい効果をもたらさないのです。

グッドウィン先生が理由で、私は毎日不安と向きあわなければなりませんでした。授業中、常に何が行われるのか分からず、予測ができなかったからです。いつも自分に疑問を抱き、準備をしているように見える

（２）幼稚園の年長組＋小から高までの一二年間＋大学四年生までの期間を指します。

単元の構成だけでも一貫したものにして、生徒に何が起きるかのを分かるようにして不安を引き起こす回数を減らし、生活のなかにはびこる不安を取り除いていく必要があります。

クラスメイトと自分を比較していました。毎日、グッドウィン先生の授業の前にランチを食べ、テストがある可能性をクラスメイトと話していました。昼休みの二五分さえも、楽しむことができませんでした。

不安を抱えている生徒は、ルーティーンを必要としています。彼らは、授業で集中し、うまく学ぶために、「一貫性」と「見通し」がもちたいのです。

単元の構成を統一する

どのようなスタイルで教えるにしても、不安を抱えている生徒は一貫性があることで安心します。教師が中心となって教え、教え終わったあとに定期テストが行われるというこれまでの授業の流れは大きく変化しています。とはいえ、教師は、自らのカリキュラムをしっかりとつくりあげ、単元ごとに何が期待されているのかについて、生徒に分かるようにする必要があります。たとえば、私のＡＰの授業では、内容がどのようなものであったとしても、各単元は二～三週間の長さにしていました。

まずは、生徒一人ひとりでリサーチ（探究）を行うことからはじめ、話し合いといくつかの活動につながっていきます。そして、最終的には、最低でも三日間の探究的な実験が行われます。単元の最初に評価の行われ方を伝えていますので、生徒はそれを理解しています。それらは、グループによる実験のプレゼンテーションと単元テストであり、問いや活動、課題の内容などが変わっても、この構成が変わることはありません。

不安を抱えている生徒にとっては、起きると分かるものが不安だけになってしまうと、不安を拠り所にするという複雑な、矛盾した感情をもつようになります。そのため、単元の構成だけでも一貫したものにして、何が起きるのかを分かるようにして不安を引き起こす回数を減らし、生活のなかにはびこる不安を取り除いていくことが大切です。

単元計画を「逆さまに設計」(3)することからはじめ、単元がどのようなものであってほしいのかという骨組みから考えてみましょう。

それぞれの単元において、生徒に取り組んでもらいたいもっとも重要な活動や課題は何でしょうか？　単元の中心となる活動や課題を考えたら、それらにどの程度の時間をかければよいのかを考えます。これによって、単元がおおよそどれくらいの長さになるのかが見えてきます。

ここまで来たら、考えた単元に取り組んでいきましょう。もちろん、変更を迫られる場面も出

（3）　一六五ページを参照ください。しかし、逆さまに設計する際の最重要ポイントは、ここに書かれていることではなくて、授業ないし単元の目標を設定したあとに評価の仕方を考えることにあります。その両方が決まってから、目標と評価の両方を満足させる活動や課題を考えます。そうでないと、「逆さま」の意味がありません。それ以外は、ここに書いてあるとおりです。これによって、「指導と評価の一体化」が実現することになります。

てきますが、日程の一日や二日の変更は気にする必要はありません。私にも、三日を予定していた実験が二日しかかからなかったり、思った以上に生徒が説明を必要としていたと感じたことがあります。単元の構成を保っているかぎり、それぞれの活動のタイミングは教師によって変更されても問題ないのです。

一週間の計画を提示する

毎回の授業計画を立てることで授業をしっかり構成できるだけでなく、何をすべきかについて生徒に伝えられます。私がほかの授業を見学に行くときは、どれくらいの期間にわたって単元が行われるのかが示されている計画表を教室で探しているのですが、見つけられるのは一回の授業計画だけ、というのはどういうことでしょうか？

新しく採用された教師であったり、初めてその授業を教えたりする場合でないかぎり、教師は事前に単元の計画を立てているはずです。もちろん、日々の授業がどのようになっていくのかについては事前に知ることはできないでしょうが、一週間の流れやその単元の大きな流れは考えているはずです。

その計画を、なぜ生徒と共有しないのでしょうか？(4) 一週間の計画を提示すれば、生徒は事前に時間の使い方について考えられます。それには、課題の締め切り日や実験、毎日の授業目標を含めることができます。毎週月曜日に、その週の計画を提示しましょう。それ以降、生徒と一週間の計画を確認することから授業をはじめるようにしていきましょう。全体を確認し、課題の締め切り日を念押しし、必要な修正を行いましょう。

一週間にやらなければならないことを事前に見てしまうと生徒が不安になるのではないかと思う人もいるでしょうが、事前に起こることが分かっていれば予想外の出来事がなくなり、これまでに述べてきたような方法を実践することで生徒は不安をコントロールするようになります。たとえば、小さな達成可能な目標を設定すること、セルフ・アドボカシーによって自分に必要な情報を伝えること、そして一五分ルール[5]を実践することなどです。

（4）一週間どころか、課題の提出日なども含めて、授業の進み具合が毎日（次の項で扱われているテーマ）と年間を通して予想がつくだけでなく、自分で計画が立てられるようになるというのがライティング・ワークショップとリーディング・ワークショップの特徴です。目指しているものが「自立した書き手と読み手」を育てることだからです。毎日の授業のサイクルと年間を通したサイクルについては、「ブログＷＷ便り」を開いて、二〇一三年二月八日と二〇一二年一月二八日の記事を参照してください。本では、『増補版　作家の時間』、『改訂版　読書家の時間』、『イン・ザ・ミドル』、『国語の未来は「本づくり」』などが参考になります。ちなみに、これをそのまま社会科に応用したのが『社会科ワークショップ』ですし、現在、同じアプローチで『数学者の時間』と『科学者の時間』を開発中です。

（5）四四ページを参照ください。

AP 生物 9月18日(月) から9月22日(金) (この例は、週間予定から3日間を抜粋したものです。)
9月20日(水) 酵素の反応速度に与える環境の影響を調べる実験のデザインをし、実施できるようになる。データが分析できるようになる。 ・実験プレゼンテーションを終える。 ・エッセイ——2013年度、問7 &2016年度、問8 (計15分) ・ルーブリックを用いてクラスメイトのエッセイを評価する。 **宿題** 1. 高分子チャート 締め切り9月22日(金) 2. ユニット1テスト——生命の化学 9月22日(金) ～9月25日(月) 3. ユニット2——細胞学習ガイドノート 締め切り9月26日 → 小テスト
9月21日(木) 時間内に、二つのFRQ(注1)に対して、少なくとも10点満点中5点が取れるだけの酵素についての理解を示す。AP評価ルーブリックを用いて、クラスメイトの解答を相互評価する。 ・エッセイ:2013年度、問7 &2016年度、問8 (計15分) ・ルーブリックを用いてクラスメイトのエッセイを評価する。 ・高分子チャート **宿題** 1. 高分子チャート 締め切りは翌日 2. ユニット1テスト——生命の化学 9月25日(月) 3. ユニット2——細胞学習ガイドノート 締め切り9月26日 → 小テスト
9月22日(金) 生命の化学のテストにおいて、最低でも75点をとる。 ・高分子チャートを提出 ・ユニット1テスト——生命の化学 グリッドイン(注2)&エッセイ **宿題** 1. ユニット1テスト——生命の化学 9月25日 2. ユニット2——細胞学習ガイドノート 締め切り9月26日 → 小テスト

(注1)(Free response question) 自由記述問題のことです。

(注2)問題に従って数値を計算し、その数字をマークする問題形式のことです。

このような一週間の計画は、予想外の出来事を減らし、計画に沿った達成可能な目標が分かりやすくなるため、不安を抱えている生徒にとっては効果的です。

適切な構成の授業をデザインする

ルーティーンは、単元や一週間の計画だけに必要なものではなく、毎日の授業においても必要です。教室に入る際に、生徒にはこれから何をするのかが分かっている必要があります。そのために計画をつくり、毎日黒板に書いておいたり、一週間ごとに確認したりするとよいでしょう。授業をそこからはじめ、一緒に過ごす時間の準備をしていきます。

また、それぞれの授業の目標を示すことも行っていきましょう。一緒にする活動の結果として、何ができるようになって欲しいのでしょうか？　このような目標が、不安を抱えている生徒に最終的な目標と活動の意味を与えます。これらが、生徒の不安を減らすとともに、学びのプロセスに集中できる環境設定となります。

授業計画や目標を考えたら、授業が目標に向かって積みあげられ、しっかり流れるようにしていきましょう。不安を抱えている生徒は、状況を把握してコントロールしたいと考えています。このような姿勢は変わることがありません。教師が、すべての単元においてするべきことをしっかり示せば、生徒は不安を感じることなく、コントロールできるようになっていきます。

不安を抱えている生徒に対して適切な構成がされた授業を実施すれば、彼らはあなたが明確な計画をもっていると感じます。そうなれば、彼らは心のコントロール機能をあなたに預けてくれるようにもなります。

お腹の気持ち(6)

子どものころのある日曜日の夜、私はひどい腹痛に見舞われました。その日は何も問題なく過ごしていたのですが、夕食を食べて三〇分もしないうちにひどい腹痛で苦しむことになりました。いつも、起きてほしくないときに起きてしまうのです。

夜の七時を過ぎ、一週間の準備をしなければならないときでした。いつもは一〇時ごろに寝ているのですが、終えなければならない宿題や予習などが残っていたので、嫌がらせともいえる腹痛に付き合っているだけの時間はありませんでした。

しかし、これがお決まりの状態になってしまいました。週末の二日間、評価されることを気にすることなく自分のペースで課題を終えたあと、学校へ行く平日のペースに気持ちを戻すことが難しくなっていたのです。そのため、日曜日の夜はとても過酷な状況となりました。

母と私は、食事にその原因があるのではないか、と考えました。何か特定の食べ物が理由でお腹の調子を崩したのでしょうか？　牛乳とチーズが腹痛に関係しているようでしたので、ラクトース不耐症(7)なのではないかとも考えました。アイスクリームを食べないようにして、母は食前に飲む市販薬を買ってきました。すべて、腹痛を避けるためでした。

この方法がうまくいっているように思えましたが、残念ながら、薬の効果は一定ではありませんでした。これはタイミングの問題だ、と自分に言い聞かせました。薬の服用が食事の一〇分前であったり、三〇秒前であったりの違いによって、泣きたくなるほどの痛みに襲われるか、絶えられるレベルですむのかという違いになると言い聞かせていました。

週末から平日に変わる際の時間の使い方に関する変化に参ってしまっていると気づいていましたが、それ自体が問題の原因だとは気づいていませんでした。

その後も、症状の原因を突き止めようと母と一緒になって行動しましたが、症状は悪くなる一方で、学校へ行く日の朝にも強い痛みを起こすようになりました。症状が出るたびに、「食べてはいけないもののリスト」が増えていきました。しかし、リストアップしたものがどんなに増えて

(6)　この見出しの原語は「gut feeling」です。「直感」や「虫の知らせ」という意味もあります。
(7)　「乳糖不耐症」とも言います。ミルクに含まれている乳糖をグルコースとガラクトースに分解する乳糖分解酵素（ラクターゼ）の活性が低下しているため、乳糖を消化吸収することができず、著しい下痢や体重増加不良をきたす疾患です。

も、症状は落ち着きませんでした。腹痛が治ったと思っても、その後の数日間、時には一週間以上トイレに行けないようなこともありました。さらに、よく眠れないこともあり、母に向かって「胃にレンガがあるようだ」と言っていました。

数日間、体調が非常に悪く、母が私を学校へ行かせずに便秘薬を飲ませ、胃腸を元に戻そうとして休ませることもありました。最初の一日は効果が現れるのですが、また同じことが繰り返され、数日にわたる不規則な腹痛と、数日または数週間の便秘が続くのです。

便秘薬や温かい飲み物、食べ物の変更など、母は思いつくかぎりの対応をしてくれましたが、結果が出ない日々が何か月か続いたのち、母は私を病院へ連れていくことにしました。私は診察室で泣きながら、初めは家から出られないほど腹痛がひどく、そのあとは便秘がひどくなって痛くなることに恥ずかしさを感じていた、と医師に伝えました。

医師がX線検査を行いました。レントゲン技師はとてもやさしく、画像を撮るための位置をやさしい声で教えてくれました。画像を撮るために一定の時間決められた姿勢でいることは、泣き続け、震えている私にとっては大変でした。

「OK、最後よ」と言いながら、技師が画像を撮るために検査室から出ていきました。数分すると技師が検査室に戻り、私からX線の防護エプロンを外して、撮影されたフィルムを手わたしてくれました。

「トイレにあまり行けてないの？」と、彼女が尋ねてきました。

彼女の顔を見ることができず、頷くことしかできませんでした。

「すぐによくなるよ。先生がちゃんと診てくれるからね」

「ありがとう」

「頑張ってね」

診察室に戻り、レントゲン写真を受付にわたしました。「医師が呼ぶまで椅子に座って待っているように」と告げられました。母の横に座って待っていましたが、お互いに話すことはありませんでした。この数か月、私がどれだけ辛かったかを母も理解しており、こんなに悪くなってしまったことを恥ずかしく思っていたのです。どんな言葉も、私の慰めにはなりませんでした。

名前を呼ばれて診察室へ入ると、すでに医師がレントゲン写真を手に持っていました。

「えぇーと、便秘ですね。かなり深刻な状態で、通常のレントゲンでも見ることができます。見てください」

医師がレントゲン写真を機械に設置し、電源を入れました。

「まず、通常の場合、X線では柔らかい細胞は映りません。密度が高くないからです。なので、普通は骨しか映らないわけです。ですが、あなたのレントゲン写真を見ると、便がしっかり映っています」

医師がレントゲン写真を指し示したのですが、教科書に載っているように、はっきりと私の腸が映しだされていました。

「全部が見えるのは、便が詰まっているからです。それが理由で、腸がX線に写るくらいの密度をもってしまっているのです」

私は、また泣きはじめてしまいました。恥ずかしくて、嫌な気分になってしまったのです。結果は、思っていたとおりでした。

「専門家に見てもらう必要がありますか？」母が心配して尋ねました。

「見るかぎりでは、ドラッグストアで売っている薬の服用で問題ないと思います。数日間便秘薬を服用してから、今後このようなことにならないような対策を考えましょう」

私は、泣きながらやるせない気持ちになっていました。

「ねぇ、どうしてそんなに泣いているの？」医師が尋ねました。

「こんなに悪くなるなんて思ってもいなかったから。本当に恥ずかしいです」泣きながらも、何とか答えました。

「あのね、知っておいてほしいのは、あなたが思っている以上に、このような状態の人を私はよく診ているの」

驚いて、私は顔を上げました。

「本当ですか⁉」

「一〇代の女の子には多いのよ」

　そこで初めて、私は「普通なのだ」と感じました。

「同じような症状でここに来る患者さんがたくさんいるの。あなたのお腹をきれいにして、普段の生活に戻す。私たちはそのためにいるのよ」


　腸の働きを通常の状態に戻すのに二週間かかりました。毎日、同じ時間に起き、朝食を食べ、温かいものを飲みました。それから、一区画ほどですが、歩くなどの運動をしました。食物繊維の多い食事が摂れるように、医師が食べ物のリストをわたしてくれました。そして、二週間後に再び診察を受け、このルーティーンがうまくいっているのか判断してもらうことにしました。

　次の診察で医師は、私のお腹の音を聴き、「どのような状態でしたか?」と尋ねました。よくなっていることを確かめた医師は、順調に回復していることを喜んでいました。しかし、それだけではなく、私の感情面における状態を医師が知りたがりました。よくなってきてうれしいことを伝えましたが、実は、時々腹痛に見舞われることがたまにあったのです。とくに、日曜日の夜と学校に行く前です。

「決めた食事とルーティーンを続けてみて。ストレスがたまると、それがお腹に現れてしまうのね。何を食べるかを考えたり、定期的な運動をしたりすることで、ストレスを感じていたとしても、普段どおりになっていくはずよ」

腹痛は、残りの高校生活と大学、さらには教師としての一年目も私を苦しめてきました。ルーティーンを守るように努力しましたが、時々、どうしてもできなかったり、自分の怠惰からルーティーンが守れないこともありました。

吐き気を感じたり、便秘になったりすると、高校のときに医師が教えてくれたルーティーンを行うとお腹の調子が元に戻りました。もっとも強い不安と闘っているときが、もっともお腹の調子が崩れているときでした。調子がとくに悪かったのは、日曜日や実験の日、夜が遅くなった日や仕事でしっかりとした夕食がとれなかった日の翌朝、そして試験の前夜でした。

不確定なことや変化は、不安を抱えている生徒に身体的な悪影響を及ぼしてしまいます。心と体はつながっています。私たちは、身体的な健康に対して、感情面がどれほど影響を与えるのかについて理解しておく必要があります。変化というものは、予想されていようといまいと、不安を抱えている生徒の体にも悪い影響を与えるのです。

私たちには、不安を抱えている生徒の優先的な体調管理が求められています。そのようにすれば生徒の体調を整えることができるだけでなく、感情面でのケアもできるのです。

不安な心をサポートする方法――生徒の体調を優先する

人間は、思考力やすぐれた身体能力など、ほかの動物とは異なる生まれもった能力をもちあわせていますが、私たちの体は心から大きな影響を受けています。心にある希望、夢、恐れなどが私たちの生活にはあふれており、体に影響を与えています。

しかし、これらは、生きていくうえにおいて絶対に必要なものではありません。一方、私たちは、消化や吸収、呼吸などを無意識に行っています。これらのシステムは、思考や他者とのやり取りとは関係なく常に行われています。

とはいえ、実際には、これらの自己均衡的な状態に心が深く影響を与えているのです。前掲したセクションで紹介したように、不安やストレスがたまる状態にあるとコルチゾールが体を満たし、免疫システムが弱まって病気になったり、感染症を起こしやすくなります。体はルーティーンと一貫性で保たれています。それが崩れると体は過労となってしまい、病気になる可能性が高くなってしまうのです。私を診察した医師がつくってくれたルーティーンは、体の反応をリセットし、ストレスが身体面において悪影響を与えないようにするものでした。

このようなストレスや変化は、心だけでなく体にも影響を与えます。私は、不安や心の動きに気を取られすぎて、体への影響を見落としていました。日曜日の夜になると、これからはじまる一週間のプレッシャーが大きく心にのしかかり、腹痛を引き起こしていたのです。

不安というものは心の病かもしれませんが、体にも影響を与えます。教師は、このことを念頭に置いて、授業においても体の調子を整え、必要とされるルーティーンをつくる必要があります。

体をほぐすための休憩時間をつくる

これは、休み時間が一日の時間割に組みこまれている小学校では取り組みやすいものです。休み時間は、生徒が遊んだり、交流したり、体を動かすためだけに必要なものではなく、心を健康に保つために必要なのです。

体は動かすためにできています。体の動きが活発になると放出されるエンドルフィンは、脳の中のドーパミンを増加させ、幸福感を高めます。計画的な休み時間は、体にとってはルーティーンとなるほか、脳の神経伝達物質にとってもルーティーンとなっていきます。

中等教育では、体を動かすための休み時間が一日の時間割に組みこまれていません。体育の授業は卒業要件を満たすために履修していますが、それは必修であるからで、休み時間に経験するように、自由に体を動かして遊ぶためではありません。多くの授業は学期ごとに終了してしまい、一年にわたって続くわけではないのです。

授業中に、体を動かすための休憩をとることが必要だと考えなければなりません。定期的に一日の予定に組みこんだり、可能ならば一週間の予定として計画しましょう。生徒を立ちあがらせて、短い時間、ストレッチやヨガに取り組んでみましょう。また、「サイモン・セズ」[8]などの簡単なゲームを行うこともできます。いずれにせよ、生徒に「遊ぶ」機会を提供しましょう。何をするにしても、体のためのルーティーンを重要視すれば、生徒の心を整える機会となります。

軽食の時間をとる

教師から管理職へと代わる際にもっとも大変だったのは、新たな役割が私のスケジュールに影響を及ぼしたことです。一〇時半にお昼を必ず食べると決めていましたが、決まった時間に食べることができず、私の都合など関係なく対応を求められるようになりました。

何かを食べる時間すらとれない日が続くこともありました。不安を抱えている人にとって、空腹は症状を悪化させる原因となります。常に心と向きあって、体を何とかやり繰りしているのですが、そのほかの変化があると体に影響が及ぶようになっていくのです。

（8）リーダーの言った指示に従うというゲームです。最初に「サイモン、セズ（Simon says）」と言ったときだけに従い、間違えた人は抜けていき、最後まで残った人が勝ちというゲームです。

低血糖が体に何らかの影響を及ぼすことは知っていましたが、精神科医との面談のとき、「定期的に食べることはできていますか？」と尋ねられたとき、空腹が不安を引き起こすことになると気づきました。

生徒も、必要なときに何かを口にする必要があります。もちろん、ランチは食べていますが、お昼休みが遅すぎることもあるのです。教室でおやつをわたすということは、以前に比べると簡単ではなくなっています。命にかかわるアレルギーもあって、教室内だけでなく、学校全体で生徒の体調には気を配る必要があります。しかし、必要としている生徒のことを考えると、飲み物や食べ物を用意しておく必要もあります。不安を抱えている生徒が空腹になれば、不安が増幅したり、パニックになったりする可能性が高くなります。

管理職と話し合って、おやつの時間を生徒がとれるような方法を考えてみてください。まずは、ボトルに入った飲み物からはじめ、学校や教育委員会、養護教諭などが認める安全なおやつへと進めてみてください。不安を抱えている生徒は、必要なときにおやつが食べられれば教室内での症状を抑えることができます。

「選択の時間」の選択肢に休憩を入れる

精神科医との面談において、空腹が不安を増幅させることを知るとともに、睡眠不足も重要であるということを知りました。多くの生徒は、十分な休息がとれない状態で授業に臨んでいます。無理な予定が組まれてしまい、基本的な欲求とされるものを優先することができなくなっているのです。たとえば、幼稚園児などには昼寝の時間がありますが、小学生以上になるとそのような時間がありません。

中学校や高校でも「昼寝」の時間を組み入れようと提案しているわけではありません。ここで述べたいことは、短い休息をとる時間を生徒に提供すれば、不安や精神的な健康状態、そして生産性によい影響を与えるということです。

低学年の生徒には、静かな活動をする「選択の時間」を計画しましょう。その選択肢の一つとして、横になり、目を閉じてもよいという小休憩を入れるのです。この活動のためのポスターを教室の隅に貼り、この活動を選択した生徒が時間を有効に使えるように、落ち着いた音楽を流しましょう。

高学年の生徒には、マインドフルネスの時間をテストや課題の前につくり、明かりを落としてリラックスできる時間を設定します。「パワーナップ」(9)では一五分とされていますが、五分や一

(9)　社会心理学者ジェームス・マース氏が提唱した昼間の短時間仮眠のことで、時間当たりの睡眠の効果を最大化するとされています。

○分間心を休めるだけでも生徒の気持ちは落ち着きますし、体にエネルギーを取り戻すことができます。体を適切に整えれば、心の不安が和らぐのです。

スノウ・デイ[10]が嫌な人はいますか?

二〇一八年三月一八日、ボストンはこの数週間で四回目となる低気圧の接近に備えていました。静かにはじまった二〇一七年の冬も、年が明けると劇的なものへと変わる様相を呈していました。学校のある地区が休校リストに載ることを期待しながら座って情報を待っている間、私は気持ちの高ぶりと不安が入り交じった思いでいました。それは、思いがけない休みに対する戸惑いから来たものでした。

子どもたちは大喜びで、四歳半になる長男はホッケーをしながら家の中を走り回っていました。一歳になったばかりの娘も、長男の興奮状態に反応していました。

「ママ、今日の夜は雪が降るの?」

「そうね、雪が降るみたい」

「たくさん?」

「そうみたいだね」

「学校、あるかな?」

「分からないけど、なさそうね」

「やったぁ!」

私も同じように喜びたかったのですが、複雑な気持ちでした。

予想どおり、次の日からボストンは、週に一回はスノウ・デイのある四週間となりました。新たな休日はもろ刃の剣でもありました。休息がとれるようにはなりましたが、高まる不安とも闘う必要があったのです。そう、新たな「日曜日」ができたからです。

もちろん、休みの前夜は最高でした。次の日は早く起きる必要がなく、子どもたちと雪の中で遊ぶことができたからです。ただ、お昼を過ぎると、休みが終われば仕事に行かなければならないという現実が思い起こされ、日曜日の午後に感じるものと同じ強い不安に襲われ、休日時の興奮はどこかへ飛んでいきました。

思い出してみてください。不安は、コントロールできるかどうかが重要なのです。不安を抱えている生徒は、コントロールできないことに対してもっとも強い不安を感じてしまいます。周りの人の反応、教師が計画する授業、そして自然……これらは、不安を抱えている生徒がコントロ

（10）大雪が降って休校になることです。

ールできるものではないのです。つまり、これらはより不安を誘発させるものだといえます。

私たちは、休日が生徒に与える影響を考え、準備をしておかなければなりません。それが生徒のルーティーンを崩すようなものであれば、教室における彼らの感情面に影響が出てしまうかもしれないのです。

天候はコントロールできませんが、徐々に感覚を取り戻すためのルーティーンを休み明けの、最初の日に行うことができます。簡単でちょっとしたことでいいのです。生徒が感覚を取り戻すまでの間、計画していた授業をできるかぎり続けることでもよいのです。少しずつ学校の感覚が取り戻せるように意識して、生徒自身がルーティーンを取り戻し、コントロールできるようにサポートするのです。

不安な心をサポートする方法——安心して初日を過ごす

不安を抱えている生徒は、ルーティーンや決められたやり方を必要としているため、ルーティーンが変わるとそれに慣れるための時間が必要となります。ルーティーンがもっともはっきりと変わるのは、夏、冬、春の長期休暇の初めや終わりのときですが、不安を抱えている生徒にとっては、週末も同じようにルーティーンが変わるタイミングとなります。日曜の夜はとくに大変です。腹痛であったり、眠れなかったり、イラついてしまったりと、不安が襲いかかってくるのです。

予期していなかった休みは、不安を抱えている生徒にとってはさらなる困難をもたらします。事前に対応するための調整時間がなく、ルーティーンが変えられてしまうからです。また、不安という症状は思ったとおりに現れるわけではありません。むしろ、突然、急激に襲ってきます。これは、新しい学年がはじまることによる不安が積み重なって起きるような、生徒や家族が事前に準備しておけるようなものではありません。突然のルーティーン変更が把握できず、予測不可能で、手に負えないほどのパニックを起こしてしまうのです。

このような反応を防ぐことは教師にできないかもしれませんが、日曜日やスノウ・デイ、体調不良による欠席が、不安を抱えている生徒にどのような影響を与えるのかについては理解しておくことができます。急な休みのあと、これまでのルーティーンに戻りやすくなるようなサポートをしていくことが効果的な方法となります。

選択肢のリストを与える

生徒の声は重要なものです。その声は、生徒にとっての意味を見いだすことや積極性につながり、結果として生産性が上がったり、よい学びにつながったりします。週末やスノウ・デイ、長期休暇から戻った日に生徒中心の授業を行い、それぞれの生徒にとって必要な学びが選択できるようになれば、安心して元の生活に戻れます。しかし、不安を抱えている生徒にとっては、かなりの負担になってしまうことがあります。

たとえば、私は食材の買いだしが好きではありません。人がたくさんいるということ以外に、選択肢が多すぎるというのがその原因です。何といっても、ドレッシングだけで一つの売り場ができているくらいですから。もし、選択肢が二つ、いや五つぐらいだったら、そのなかから一つを選んで次の売り場に行くことができます。ですが、そういうわけにはいかないのです。ドレッシングの売り場では、調子がよい日でさえ一〇分もかかってしまうのです。

このようなことは、完全な回避につながってしまいます。私の場合、食材の買い物をしないか、ドレッシングを買わないようにするかといういずれかを選択してしまうのです。

不安を抱えている生徒に何をしたいかを選ばせる際、同じことが起きてしまいます。どこから手をつけてよいか分からず、結果的に課題そのものをやらないのです。そこで、生徒に選択肢のリストを与えます。学校へ戻った初日に生徒中心の授業を行いますが、クラスに三つから五つのリストを示して、何をしたいかを選ばせるようにするのです。こうすれば生徒は課題を避けることがなくなり、スムーズな形で学校生活に戻れます。

学校へ戻った初日に「選択の時間」を設けることで、よい最初の一歩が生まれます。学校における日常のルーティーンに適応していくために、生徒自身のペースで行わせましょう。休み明けに行われる、このような一連の流れが習慣となれば、不安を抱えている生徒でも何が起きるのか予想できるようになっていきます。学校のルーティーンはコントロールできると感じるようになり、不安の軽減につながります。

一貫性をもたせる

安心して学校に戻れるようにするという考えは、想像よりも単純なことです。「元の状態に戻す」とは、休みの前と同じ質の振る舞いを生徒に求めることを意味します。休み明けだからといって、授業のルールや期待、ルーティーンを緩和していくことではないのです。これらのレベルを落とすと、むしろ悪影響が出てしまいます。生徒がもっとも求めているのは一貫性なのです。授業中に求められる行動は、決して変えてはいけないのです。

ルーティーンが崩れてしまった生徒に対しては、教師が一貫性を保てばもっとも大きな安心感を与えることができます。おやつの時間が九時から九時半であるのなら、たとえ特別な日であってもその時間を変えるべきではありません。ほんの少しの変化が生徒にとっては大きなものとなり、不安を抱えている生徒にとっては、その少しが負担となってしまうのです。そして、子どもたちは教師を試し、決められたルールに反した振る舞いをしてしまいます。

実際、生徒たちは決まったやり方のなかで育っていくものです。このことは、不安を抱えている生徒も同じです。とくに、休みの日から学校へ戻ってきたときが大切です。

学校へ戻った初日は、授業におけるルールとすべきことを再確認しましょう。生徒に対して求めることを明確に示すというのは当然のことですが、不安を抱えている生徒にとってはとくに必要となります。

ほかの実施方法を考える

新年度のはじまりの日、生徒にとっては、学校の初日に抱く不安や恐れだけでなく、さまざまな困難が待ち受けています。通常のスケジュールがはじまるまで、少し時間がかかるからです。

新年度の初めは、集合写真や集会、休みの間に読んだ本の確認、オリエンテーション、防災訓練や防犯訓練などといった行事が目白押しです。これらの決められた行事を行うためには、通常のスケジュールを変更しなければなりません。結果として、通常より延長される授業があったり、逆に中断されてしまう授業もあります。

何かが理由で授業を中断する日々は、不安を抱えている生徒の場合、一貫性やルーティーンを見いだせずに苦しむことになります。日々スケジュールを変更しながら必要な行事を行うのではなく、ほかの方法をとることを考えてみてはいかがでしょうか。生徒が少しずつ学校という流れに乗れると同時に、多くの行事が終えられるという方法があるはずです。それが実現できると生徒の不安も消え、すべきことが明確になってきます。

二〇一九年の最初の二日間に、書類、各種の調査、写真撮影、クラス分けのための評価、学校オリエンテーション、さまざまな訓練、授業オリエンテーションというすべてを終えられるように、私は計画を立てました。これ以降、通常の学校の流れが遮《さえぎ》られることがないようにしたということです。このやり方は、うまくいっただけでなく、生徒や職員にも好評でした。三日目から教えることに集中できましたし、学校に慣れるための時間が二日間とれ、三日目からは通常のスケジュールがはじまるということが不安を抱えている生徒にも分かっていたからです。

前へ進む

不安は、コントロールが鍵となります。状況のコントロールができなくなってしまうと、不安を抱えている生徒はさらなる不安に襲われてしまいます。そのような不安と向きあい、燃えあがる炎を消すために不安を抱えている生徒は、期待されていることやルーティーンを大切にするようになります。

ルーティーンは、何が起きるのかを明確にして安心感をもたらし、心が落ち着かないでいる時間を減らしてくれます。もちろん、不安を抱えている生徒の頭の中は忙しく動いていますが、ルーティーンが明確になることによって、これから何が起きるのかを考えたり、恐れや疑問などを抱いたりする必要がなくなるのです。

私たち教師は、ルーティーンのモデルを生徒に示さなければなりません。一時間の授業構成だけでなく、一貫した単元の構成を用いたり、一週間の予定を示したり、明確な目的を示して、分かりやすい活動を「初め」と「終わり」に行うという授業の構成をしなければならないのです。

健康な体は健康な心をもたらす、ということを思い出してください。ルーティーンは感情面にとって重要ですが、私たちの体の機能にも必要なのです。教室では、健康な体が保てるようにしましょう。生徒に体を動かしてもらい、しっかり食事をとっていることを確認し、心と体を休める時間もつくるようにするのです。

一週間の計画のなかに、健康な体をつくるための時間を設けましょう。これらは、五分から一〇分も行えば十分です。不安を抱えている生徒の体を日頃からサポートすれば、心のサポートにもつながっていきます。

週末や祝日、長期休みやスノウ・デイから戻るときには、生徒が安心して日常に戻れるようにしましょう。一日学校から離れるだけでも、不安を抱えている生徒はうろたえてしまいます。戻ってきた日に自分で選べる活動のリストを与えて、やってもらいましょう。授業において期待されている行動や、授業の流れを保つことを忘れないでください。生徒は、自分では気づいていないとしても一貫性を望んでいるのです。

また、新年度の最初の数日に関してですが、スケジュールの組み替えを考えてみてください。学校として行わなければならないことのために授業のスケジュールが崩されてしまうよりは、一気にすべてを終えるような特別なスケジュールを組んでみてはどうでしょうか。教師にとっては少し大変な時間となるかもしれませんが、不安を抱えている生徒にとっては、新年度になって起こる劇的な変化に適応するとともに、安心感を得られるようなルーティーンを一年の初めにつくるきっかけとなります。

考えてみましょう

❶不安を抱えている生徒のために、どのようなルーティーンを授業のなかにつくることができるでしょうか？

❷どのようにして、生徒の体の健康をサポートすることができるでしょうか？　たとえば、体を動かす時間をつくったり、休む時間をつくったりするなどです。

❸あなたの学校や授業において、どのようなときに生徒の選択を取り入れることができるでしょうか？

第10章

コミュニティーをつくる

不安から来る孤立感を取り除くために
課外活動を奨励し、
これまでとは異なる授業形態を実施する

若かったとき、世界に変化をもたらせるような
人になることが夢でした。
私がここにいたことによって、
少しでもよい世界にできるようにしたいと思っています。
（ジム・ヘンソン）*

（*）（Jim Henson, 1936～1990）近代アメリカテレビ史において重要な操り人形師の一人でありプロデューサーです。「セサミストリート」のキャラクターを創作したマペット作家でもあります。

不安と向きあうことは孤独であり、多くの人が自分の殻に閉じこもってしまいます。そのため心の病気は、そのような人々とは切っても切れない関係となっています。不安がもたらす孤立感は、その状態を肯定的に捉えさせます。つまり、孤立すればするほど、人はより一人になりたくなってしまうのです。教師が早く気づけば、そのような犠牲者が孤立してしまう時間を短くすることができます。

不安を抱えている生徒が、生徒自身の精神状態よりも大きなコミュニティーの一員であると感じられるように、サポートする方法を見つける必要が教師にあります。スポーツクラブなどの課外活動と、授業中に教師がつくりだす活動という二つの方法を用いれば、このような帰属意識をつくりだすことができるはずです。

まずは挑戦してみる

ジャレドは小柄で髪の毛が長い九年生で、あまり友だちがいません。ジャレドは、幼少期から不安症に苦しんでいました。母親はシャイな性格だと捉えていましたが、それは不安から来ているものだという診断を受けることになりました。ジャレドは、積極的に授業には参加しませんし、大勢の人の前で話して注目を集めてしまうことが嫌いなうえ、友だちと話したり友だちをつくることさえ怖がっていました。

とはいえ、ジャレドは学校が嫌いだったわけではありません。十分によい成績をとっていましたし、出席状況も問題ありませんでした。しかし、ジャレドの母親は、彼の将来に不安を抱いていました。学習面において、よい成績をとり続けることができるのか？　友だちをつくって、社会生活を送ることができるのか？　というようにです。

実際、ジャレドは学校から帰ると、母親が帰ってくるまでビデオゲームで遊んでいるだけでした。そのあとにちゃんと宿題をしていましたが、友だちといえばみんなオンライン上の人で、身近な友だちはいませんでした。

母親はジャレドの状況について分かっているようで分かっておらず、少し無理やりにでもほかの人とのかかわりをもたせなくては、と感じていました。新年度の最初の六週間、母親がスポーツチームなどに入るようにすすめましたが、予想どおり、ジャレドが入ることはありませんでした。強制はしたくなかったようですが、ジャレドには、今の安心できる場所から一歩出ればどんなことができるのかを知ってもらいたい、と母親は思っていたのです。

「ジャレド、冬や春の放課後に、どんなことをしてみたいかを考えてほしいんだけど……」

ある日の夕食の席で母親が切りだしました。

「どういうこと？」戸惑いながらジャレドが尋ねました。

「あのね、クラブとかで、スポーツをしたほうがいいと思うの。夏から話してきたけど、まだ決めてないわよね」

「何にも興味が出ないんだよ、母さん」

「分かるわ、ジャレド。でも、のちに高校時代を思い返して、何もしなかったなんて後悔してほしくないの。水泳なんてどう?」

どのような返事をするのかと待っていましたが、ジャレドは返事をしませんでした。

「水の中にいるのが好きだったじゃない。サリーおばさんの家に行ったときなんか、プールから出すのにひと苦労したんだから。覚えてる?」

「あれは、実際の水泳じゃないでしょ」

「実際の水泳? 何、競泳のマイケル・フェルプス(Michael Fred Phelps)にでもなるつもりなの?」

「そういうことじゃないよ」ジャレドは苦笑していました。「僕のことは分からないでしょう」

「どうして、あなたらしくなれないのよ。やってみたの? どうなの?」

「母さん……」ジャレドは、母親に対してイラつきはじめていました。

「分かった。じゃあ、バスケットボールをしたらいいわよ。それか、陸上」

「バスケットボール? 陸上?」ジャレドは笑いはじめました。「母さん、どんなことがあっても、僕が走ったり、バスケットボールでシュートができないって分かっているでしょう」

「そうかもしれない。でも、泳げるじゃない」


　バスケットボールの体験をさせようとしたり、Xボックス(1)をやめさせようとする母親からの度重なる言葉を聞いてジャレドは、母親は絶対に考えを曲げないだろうと感じました。母親のすすめに従って、ジャレドはついに水着だけになってプールサイドに立ち、コーチが最初のトレーニングの指示を出す様子を聞いていました。


　スキップ五〇〇回だって？　何なのそれは。

「新メンバーはレーン1と2、ほかのみんなはいつものレーンに入って。ミニ・ミー、レーン1か2に入って、新メンバーのサポートをしてくれる？」

　コーチが指示を出しました。

「了解、コーチ」

　ミニ・ミーは水泳のキャプテンで、小さい子どもたちにとっては素晴らしいメンターでした。一年生のとき、ほとんど何もできない状態でチームに入った彼ですが、熱心に努力を続け、コー

---

(1)　マイクロソフトのコンピューターゲームのことです。

チが頼りにする一人となりました。コーチは彼に「ミニ・ミー」というニックネームをつけ、それが定着したのです。

「頑張れ、みんな。キックボードをつかんでブイを引っ張るんだ」ミニ・ミーが説明します。「これから、何をするかを教えてあげるよ」

最初の練習はよいもので、ジャレドも楽しむことができました。水泳は思っていたよりも大変でしたが、コーチやほかのチームメイトのことをジャレドは気に入っていました。また、勝ち負けを意識するような雰囲気ではなく、みんなが自分を受け入れているように感じていました。家に帰ってジャレドがそのことを母親に伝えると、母親はジャレドが楽しめたことをことのほか喜んでいました。

「誰も見捨てられていないんだ」とジャレドが伝えます。「チームは少人数で、誰でも選手として選ばれるんだ。もちろん、僕が出場するのは難しいかもしれないけど、それでもいいんだ」

最初の練習だけが特別なものであったわけではありません。練習をするたびに、ジャレドは前の日よりも水泳が好きになっていきました。チームのメンバーが少ないということもあり、ジャレドの言うとおり、コーチがみんなに目を配っていました。しかし、ジャレドがレースに出場できないという点に関しては少し違っていました。

ジャレドはBチームでリレーに出場するという機会をもらい、シーズンの終わりに近づくにつれて個人のレースに出場するようになっていきました。さらに、ジャレドは、練習や大会以外でもチームメイトと遊ぶようになっていきました。チームでのディナーに参加したり、週末にはチームで遊びに行ったりするようになったのです。

ジャレドは別人のようになり、チームがくれた「ミノウ」(2)というニックネームも気に入っていました。チームでももっとも小柄で、まだ泳ぎが下手だったため、チームメイトやコーチがそのニックネームをつけて、それが定着したのです。

ニックネームについて気にはなりませんでした。むしろ、ジャレドはとても気に入っていたのです。それは、ジャレドが小さくて泳ぎが下手でも、チームメイトが彼を受け入れ、認めてくれたことの表れだったからです。一〇年生や一一年生になってもジャレドは水泳を続け、後輩たちにはジャレドの本名が分からないほどになっていました。彼は「ミノウ」になったのです。

ジャレドは学校でも大きく変わりました。水泳のチームにのめりこむことで、高校における人間関係の基礎がつくられていったのです。ジャレドの成績は向上し、教師は保護者との面談において「外向的で熱心な生徒である」と話したほか、水泳の女子チームのメンバーもジャレドのよい友人となっていきました。

(2)（Minnow）この言葉には、小魚、雑魚というような意味が含まれています。

ジャレドの変化は、母親だけが気づいていたわけではありません。本人も気づいていました。水泳のチームは、高校生活を素晴らしいものにしてくれました。一〇年生の終わりに運動部の後援会が代表チームのメンバーであるジャレドにジャケットを贈ってくれたのですが、右肩に入れる名前は一つしか思い浮かびませんでした。「ミノウ'10[3]」でした。

水泳をはじめるまでは常に不安が身近にあり、ジャレドにとっては、逆にそれが安心感を与えるものとなっていました。あまり好ましい状況ではなくても、それに慣れてしまえば、私たちはそこから動きづらくなっていきます。この状態は、不安の場合でも同じなのです。

不安を抱えている生徒は、ジャレドのように、その状態にとらわれてしまいます。不安を抱えている生徒の多くは自分の状態しか知らず、残念なことに、教師が思うよりもそこから抜けだすことが難しいのです。自分で何もできなくても、何が起きるかが予想でき、ルーティーンになっていることを、不安を抱えている生徒は求めているのです。

変化は、たとえよい方向に向かうものであっても不安を呼び起こしてしまいます。予想外のことに困惑してしまうわけですが、不安のない時間というのは、常に不安を抱えている生徒にとってはまさに予想外のこととなってしまうのです。必要だと分かっていても、自分では怖くてできないような変化を起こすサポートを教師はしなければなりません。

不安な心をサポートする方法——課外活動を促す

課外活動は、不安を抱えている生徒にとっては欠かせないものです。自分が何か大きなものの一部であると感じられたり、何らかのはけ口となるものがあると知っていることは、不安と向きあうためにもよい方法なのです。生徒に、クラスや学校以外の活動への参加を促してみましょう。そのような活動を通して自分に対する価値を感じられるようになれば、不安にとらわれる場面が少なくなっていきます。

不安を抱えている生徒の心は、身勝手に振る舞い、自分の力は十分でないと思いこませ、何ができるのかということに誰も興味を示さないと信じこませたりします。そのことによって不安を抱えている生徒は、一人でいる状態を選んでいくようになります。最終的にはうまくいくかもしれないのに、自己不信や恐れと闘うために使うエネルギーを割にあわないものと捉えてしまうのです。

また、不安というものはつかみどころのないものです。教室に入って、生徒を見わたすことで

（3）数字は卒業年度を表します。ジャレドは二〇一〇年に高校を卒業する生徒という意味です。

誰が不安に苦しんでいるのかが分かるということはありません。ある人を見るだけでその人が糖尿病を患っているかどうかが分からない場合と同じですが、糖尿病については、その人の運動時や買い物の合間に血糖値を測れば知ることができます。糖尿病を患っている生徒は、毎日同じ時間帯に保健室へ行き、インスリンの注射を打つでしょう。一方、不安については、明らかな判断手段がないのです。

不安を抱えている場合、自分自身とその病のことしか見えなくなります。自分のことしか考えられず、その考えに支配されてしまうのです。また、必要なことを達成するためであれば、理不尽な言い訳でも口にしてしまうのです。私たち教師は、生徒が不安と向きあい、不安を恐れないようにサポートし、生徒にかけられた足かせを取り除かなければなりません。

課外活動への参加を生徒に促してみましょう。簡単なことではありませんが、うまくいったときには不安がつくりだしていた悪循環を打ち破ることができますし、静かで孤独な状況を変えていけるはずです。授業以外の課外活動に参加することで、想像以上のよい結果が得られるかもしれません。

スポーツは勝つことだけが目的ではないと生徒に伝える

二〇代まで、私は勝つことを目的にしてスポーツに励んできました。私にとっては、ベストを尽くし、勝つことがすべてでした。交流をしたり、人に会ったりすることが目的ではなかったのです。もちろん、友だちをつくったり、夕食をともにすることも目的に入っていませんでした。

敗北を気にしていないチームメイトの様子、私にとってはフラストレーションがたまるものでした。激しい試合のうえに負け、家へ帰るバスの中は静かに振り返りを行う時間としていましたが、ほとんどのチームメイトにとっては学校の昼休みの延長でしかありませんでした。噂話をはじめとして、歌を歌うなどといった交流の時間となっていました。

教師となって、学校にあるサッカーチームのコーチとなりましたが、数年で私の考え方は大きく変わることになりました。初日、ポジションについてチームの女の子たちに尋ねました。一人の子はポカンとした顔で私を見ていましたが、すぐにサッカーの経験がないことが分かりました。そのとき、勝つことがすべてではない、ということを理解しました。私にとってはちょっとした切り替えが必要でしたが、シーズン中に唯一勝った（チームは一勝一五敗でした）試合のとき、大会で優勝したときとほとんど同じ気持ちになっていました。

生徒たちは、私とは異なるさまざまな理由でスポーツに参加していました。友だちと仲よくすることや、大会に参加すること、運動すること、違った自分を見つけるため、などです。選んだスポーツが（まだ）うまくできなくても、そのスポーツが好きなのです。ジャレドが水泳に対してそうであったように。

二〇一九年五月一九日付の雑誌「ニューズウィーク」に載ったカシュミラ・ガンダー（Kashmira Gander）の記事には、運動することは不安やうつの症状を和らげる、と書かれていました。記事は、雑誌の「Global Advances in Health and Medicine（国際健康医療の進歩）」からの研究を引用したものでした。

その研究では、精神疾患（とくに不安の症状）、うつ、怒りなどといった症状で治療を受けている一〇〇人を選び、決められた運動プログラムに参加してもらったとあります。研究の結果として、九五パーセントの人が「気持ちが改善された」と述べ、六三パーセントの人が「普通」や「悲しい」、または「とても悲しい」ではなく、「幸せ」や「とても幸せ」と答えていました。

記事によれば、科学的な結論として、「運動をすることで気分障がいのなかでもとくにうつや不安な心を安定させたり、改善させたりする際に重要となるドーパミンやノルアドレナリン、セロトニンなどの神経伝達物質に影響を与え、精神疾患者を助ける効果がある」としています。

スポーツによって、生徒は体を動かすことになります。運動することは、科学的にも不安によいと証明されているのです。学校でも、何らかの活動に取り組むことを促しましょう。うまくできる必要はありません。何をするのが好きなのかを尋ねて、学校の中でやれそうなことを考えるためのサポートをしましょう。初めて練習に参加する前に、コーチやチームのメンバーに会って、話をするという機会を設けてみるとよいでしょう。

地域貢献を学校活動に取り入れる

自分が誰かの役に立てたと思うことで自信がもてます。不安を抱えている多くの人と同じく、私は不安に対処する方法をもっています。二〇一七年六月、共同でNPOを立ちあげたため、その仕事に腰を据えて取り組むことが私の重要な活動の一つとなっています。ほかの人のために活動することは、目的意識を与えてくれるとともに、不安な自分に対して可能性を示すことにつながっているように感じています。

地域とかかわり、社会貢献するといった活動を学校に取り入れましょう。新たな学校文化をつくりあげるための雰囲気によい影響が与えられますし、二一世紀の学びに求められている「学校と地域のつながりを深める」ことにもつながります。地域貢献は、不安を抱えている生徒にとっては課外活動の一つとなり、自尊心や自信を高める機会を提供することになります。ほかの人に影響を与えることで、不安を抱えている生徒は自信がもてるのです。

不安を抱えている生徒にとって究極となる目標は、不安に取りつかれた心を解放することです。不安がもたらす声に立ち向かうために、自分に向けてどのように声をかければいいのかが理解できればより良い方向に向かうでしょう。

生徒に、地域において必要だと考えていることを尋ねましょう。そして、その必要なことを実際に行うためのアイディアが生まれるように、あなたがサポートすると伝えるのです。

カウベル（牛の首につける鈴）のメダルを、５キロレースの完走者に毎年配っています。誰かが何かを乗り越えた場に立ち会うことは、頭が下がる思いになると同時に、自分自身が不安と闘い続けるための勇気となります。

私が所属しているNPOの支援者たちが、「不安から走りだす（Running from Anxiety）」というリストバンドをしているところ。NPOのために働くということは、私が不安に対処する一つの方法となっています。

まずは、小さくはじめましょう。ほかの人に、必要だと考えていることを伝える方法を提案してもよいでしょう。生徒との間にしっかりとしたつながりが築けますし、生徒の不安にもよい影響を与えるはずです。このようなやり取りは次の項目ともつながっていきます。

新たなクラブをサポートする

数多くあるクラブや、学校で行われている競技性を重要視していない活動などに参加するように、と生徒を促してみましょう。生徒は、演劇、バンド活動、芸術、ディベート、科学、GSA(4)、外国語クラブなどに参加することで、自分に対する意味を感じるようになります。

これまでに見てきたなかでもっとも強い影響を与えているクラブは、生徒によって提案され、つくりだされたもので、例としては「ハリーポッタークラブ」、「アンサー・フォー・キャンサー」(5)、「ニュー・メンタリティー」(6)、「アニメクラブ」、「手品クラブ」、「D&Dクラブ」(7)などがあります。

---

(4)「Gay-Straight alliance」または「Gender-sxuality allaiance」の略です。生徒を中心にして構成されている、性的マイノリティーが過ごしやすい環境をつくるための活動です。
(5) がんに対する啓発活動をしたり、寄付を募ったりするクラブです。
(6) 精神疾患に対する啓発活動をしたり、寄付を募ったりするクラブです。
(7) アメリカで発売されたテーブルゲームのRPG「ダンジョンズ&ドラゴンズ」の略です。

生徒には、学校内では自分でやりたいクラブをつくることができると伝えましょう。これまで、多くの生徒があれこれと「新しいクラブがあったら」と話す声を聞いてきましたが、彼らの思いはなかなか現実のものになりませんでした。彼らは、自分たちのクラブがつくれるとは思っていなかったのです。

クラブ活動は、自分たちにとって楽しいと思えることを見つける場であり、共通の興味をもっている仲間を見つける場でもあります。このような活動を通して、彼らの心は平常な状態が保たれるようになります。

生徒に新しいクラブをつくらせることは、さらによい影響を与えます。生徒は、つくったクラブを運営し、うまくいくように責任をもたなければなりません。それによって、不安が彼らをコントロールしている力と同じか、それ以上に大きな、コントロール力をもつことになるのです。

生徒が興味をもつような活動を知ったら、学校ではどのようなクラブをつくることでその活動をサポートし、広く知ってもらえるようになるのかについて、生徒と一緒になってブレインストームしてみましょう。もちろん、どのような書類をつくらなければならないのかについても共有しましょう。新しいクラブのアドバイザーを買って出てみてください。生徒のアイディアをまとめるファシリテーター役となるのです。そうすれば、生徒の自尊心を高め、不安から気を逸らすことができます。

バーンズ先生は、助手としてそのキャリアをはじめたというベテランの理科教師です。生徒からすると感じがよく、同僚の教師からするととても優秀で親しみやすく、イノベーティブな（新しいことに挑戦し続ける）存在です。

一緒に成長する

専任教師となって数年したとき、彼の教室は理科棟からキャリア技術教育棟へと移されました。この移動によってバーンズ先生は、植物学のクラスで使う温室に行きやすくなりました。その温室は、初めは実験材料のリソースでしかありませんでしたが、すぐにカリキュラムの中心となっていきました。

バーンズ先生は、実験でしか植物を使うつもりはありませんでしたが、初めの一学期を教えて、すぐにその考えを変えました。教室よりも中庭や温室で過ごすことが多くなっていったのです。バーンズ先生は不安に苦しんでいたのですが、温室で作業することでリラックスでき、落ち着けたのです。そして、温室での作業や、そこでの授業のあとには仕事に自信がもてるようになり、生徒とも忍耐強く向きあえるようになりました。

さらには、バーンズ先生の植物学の生徒で、同じく不安を抱えていると教えてくれた生徒も、先生と同じように感じられるようになっていきました。教室というかぎられた場から抜けだすことは、不安を減らし、心を落ち着かせることになるのです。生徒は息をしやすくなったと感じ、結果的に、より良い学びができるようになっていきました。

バーンズ先生が、これらのよい影響に驚くことはありませんでした。バーンズ先生にとっては、庭での作業は常に不安を和らげる効果があったからです。しかし、多くの生徒が同じように感じていることに驚き、カリキュラムを改定して、より多くの時間を温室で過ごせるようにしようと考えました。とはいえ、まずは許可をとる必要がありました。

バーンズ先生は教務主任に、コースをつくった当初の計画から変更を加える旨を説明しました。「植物学の授業に対してのアイディアがあって、それを実際にやっていいのかについて話したいと思っています」

「いいですね、どんなものですか?」トンプソン先生が、非常に興味をもって尋ねました。

「そうですね、生徒はもっと温室で作業をしたいと思っていますし、私もそう思っています。みんな、興味をもっているんです。そこにいることを楽しんでいるんです。そこでは生産的になるし、落ち着くし、正直なところ、クラス全体がいつもと全然違う感じがします。温室では、僕もより良い教師になったような感覚になるんです」

「本当に?」

「はい。落ち着けますし、不安やプレッシャーも少なくなるように感じています。生徒は熱心に取り組みます。実際、何人かが、温室にいることでいつもよりリラックスできると話しているくらいなんです」

「そうですか。なんだか、みんなにとってもよいことのようですね。もっと温室を使って、より意味のあるカリキュラムをつくることはできますか？」

「もちろんです！　生徒には、これまで植物の植え方や、フルーツや野菜について教えてきました。生徒に、採れたものを選んでプロジェクトをさせてきたんです。そのなかには、採れた野菜を使って料理をつくるというものもありました」

「それで、それはどんな感じでしたか？」微笑みながらトンプソン先生が尋ねました。

「よかったです。生徒も夢中になっていて、つくった料理も美味しかったです」

「それじゃあ反対する理由はないですね。年度初めに言ったとおり、先生たちには挑戦してほしいと思っています。それが、教師として成長できる唯一の方法だと思っています。うまくいくこともありますし、そうでないときもあるでしょう。でも、やらなかったら何も分かりません」

「ありがとうございます。授業の全体の流れそのものを変えようかなと思っています。具体的には、もっと栽培やガーデニングを扱いたいと思っています」

「そうなんですか？」

トンプソン先生は、少し疑問をもったようです。どのようにして生徒たちを惹きつけるつもりなのかについて知りたい、といった様子でした。

「はい、農場から食卓までという感じのクラスです。温室で作業をして、調理プログラムのために野菜を育てます。調理プログラムには何が必要かを教えてもらって、こちらで収穫してわたすようにしたいと思っています」

バーンズ先生はサマープログラムを六年間担当し、生徒とともにグラウンドの美化活動を行ってきました。これには、温室に野菜を植えることも含まれていました。

「生徒は一年を通して、その授業に興味をもち続けられるということですね？」

「トンプソン先生、生徒は温室にいることを本当に楽しんでいるんです。授業では何もしようとしていなかった生徒も、温室に連れていくと熱中しているのです。生徒にその理由を尋ねてみると、『不安になることがないから』とみんなが言うんです」

「バーンズ先生、ぜひ取り掛かってください。あなたは素晴らしい教師だから、あなたがよいと思うものを私も信じます。どんなサポートでもしますよ」

バーンズ先生は、教務主任のサポートも得て、植物の授業を自分の計画どおりに改定していき、最終的には、歴史の教師と一緒に教える選択科目として改定することになりました。

温室は、学校全体のコラボレーション（協働）の中心となりました。授業を選択した生徒は、特別な支援を必要としている生徒に対して、温室での植物の植え方や雑草の取り除き方、水のやり方や収穫の仕方を教えました。

また彼らは、幼稚園児向けのプログラムも考え、温室で一緒に作業をするようになりました。レイズドベッド(8)を校庭の外につくって、野菜やフルーツの栽培ができるようにしました。

以前に植物の授業を受けていた生徒は、自分たちの学年の枠を超えた、より大きなグループのメンバーになっていきました。すべての年代や身体的特徴をもった人とかかわり、農業がもたらす恩恵と農業ビジネスについて学ぶという共通の目標に向かって進んでいます。

バーンズ先生にとっても、そのコースの時間が不安から解放されてい

(8)　木の板などで土留めを立ててつくった植栽スペースのことです。園芸の分野では「立ち上げ花壇」、農業では「ベンチ栽培」などと呼ばれています。

ボウメン高校の温室で作業する幼稚園児

る唯一の時間となっていきました。評価や学級経営を意識する必要がないのです。ほかの授業では不安を感じている生徒も、「植物の授業に行くのが楽しみなんだ」と言いました。文字どおり、教室から逃れることが実際に不安から逃れる方法となったのです。

不安な心をサポートする方法――価値のあるものをカリキュラム内につくりだす

教師は、自分が教える教科において、課外活動と同じように生徒や同僚の感情面によい影響をもたらす活動を行う必要があります。教室という概念を、文字どおりの部屋というものから変えていきましょう。どのような場での経験も「教室」になるのです。温室や実験室、社会見学はすべて「教室」なのです。

自分のなかにある、教室がどのようなものであるべきかという考えを変えていきましょう。不安は、閉じられたスペースにおいて強く現れます。教師は、自らも生徒も、教室という制約から解放する必要があります。私たちは生徒に、「学校」という建物から飛びだす学びを提供しなければならないのです。

課外活動は、生徒にとってはかけがえのない経験となります。それらは、単に不安から逃れる機会となるだけでなく、自分に価値があると認め、自尊心も与えてくれます。とはいえ、課外活動だけがこのような場である必要はありません。生徒にとっては、誰もがより参加しやすい場であるべきです。何も、課外活動が参加しづらいものであると言っているわけではありませんが、そのような場合もありえるということです。

通常、運動や芸術の分野では月謝などが発生します。多くの生徒は、これらの経済的負担に耐えられません。また、生徒は放課後になると、仕事や兄弟の世話などやらなければならないことがあり、課外活動への参加が難しいという場合もあります。

教師は、自分が教える教科のなかで、これらの価値ある活動をつくりだすことを優先的に考える必要があります。自尊感情を高めたり、仲間意識をもったり、多様な人とかかわったりすることは、不安を抱えている生徒にとって、教室における経験の一部となるべきものです。

カリキュラムや授業が、生徒の声をもとにして、生活に密接にかかわるようにデザインされれば不安から逃れられる可能性が高くなります。バーンズ先生と同僚がデザインした植物の授業は、まさにこれのよい見本といえます。二人は生徒が互いを認めあい、自然を大事にし、自分とは異なる人にも価値を見いだせるように授業をデザインしていました。

何といっても最大の成果は、心と体にとっての「当たり前」とはどのようなものかを生徒に改めて考えさせたことです。このような授業をするために、教師は以下のようなことを行ってください。

常識にとらわれない教室をつくりあげる

二一世紀となっても、いまだに教室が一九五〇年代と変わらないということがよくあります。それぞれの席に生徒が列になって座り、教師は教室の前に立って授業内容を書きとらせています。まさしく、授業は教師中心となっています。

教師は、書き取りの小テストや多肢選択式のテスト、短い記述や小論文を書かせるなど、長年変わらない方法で生徒を評価しています。授業でクラスメイトと協力することがあるとしても、「それをしてもよい」とされているだけか、あるいは「付け足し」のレベルでしかありません。「この問題を解いてみましょう。誰かと一緒に取り組みたい人は、そうしてもいいですよ」という具合に。

これらの授業は、教師が生徒として経験してきたことを表しています。当時は、そのやり方でうまくいっていたのです。柔軟性や創造性がなくても、生徒がうまく学ぶ方法を見いだしていたからです。しかし、現在では生徒も変わってきています。

不安を抱えている生徒は、一日中四方を壁に囲まれている教室から抜けだせるような、これまでとは異なる「教室」を必要としています。バーンズ先生の教室は、これまでのものとはまったく異なっていました。生徒は、温室でもっとも大切なことを学んでいたのです。そして、幼稚園児や特別支援を必要としている生徒と一緒に作業することが大きな学びとなっていました。

バーンズ先生は、生徒が目的を見つけだし、一体感や相手のことを思う気持ちをもてるような環境をデザインし、その結果として、不安を抱えている生徒の心や学習によい影響を与えていたのです。

一週間のうち一日でいいですから、これまでの教室とは異なる場をつくることからはじめてみましょう。物理的に異なる場所を見つけられない場合は、教室をいつもとは異なる雰囲気に変えてしまいましょう。

私の教室では、「ファミリー・フライデー」を開催しています。毎週金曜日に生徒は、床や机の上、自分で持ちこんだ椅子など、どこにでも座ることが認められています。教室からものを減らして、身体的により快適な場所をつくろうという考え方です。

生徒は、課題を仕上げなければならないとしても、「金曜日には不安を感じることが少ない」と言っています。机から解放されたことで、一体感をつくりあげているのです。小さな変化をつくるだけで、教師は大きな影響を与えることができるのです。

不安を抱えている生徒に与える仲間意識と同じような課外活動を、あなたが教えるカリキュラムのなかでも実践してみてください。これまでと異なる形式の授業をしてみたり、学校を越えたより大きなコミュニティーへの参加を促したりして、その授業にあなたも参加してみましょう。

ボウメン高校の「農場から食卓まで」の授業では、温室での栽培用として、配管プログラムで使っている資材を用いています。このような学びの場は、すべての生徒、とくに不安を抱えている生徒が一生懸命活動する場となっています。

より広い学校コミュニティーと連携する

これまでの教室という制限された空間から外へ生徒を連れていくということは、より生活にかかわる学びという経験をつくりだす素晴らしい方法となります。意味のある学びは、生徒がより広い、学校コミュニティーにかかわることで生まれます。

コミュニティー・サービス（地域貢献活動）をした際に得られる自尊心と同じようなものが与

えられる授業をデザインすることについて考えましょう。不安を抱えている生徒が、ほかの人のサポートをすることで心が落ち着くようにするのです。温室で作業をすることは、バーンズ先生の生徒にとっては意味があり、リラックスできるものでした。しかし、バーンズ先生がより広い学校コミュニティーにかかわる方法を見いだしてからは、生徒はさらにエンパワーされ、縛られていた不安から解放されていきました。

初めてデートしたときのことを思い出してください。初めてデートする人に対してできるもっともよいアドバイスは、何らかの「アクティビティー（活動）をするとよい」というものでしょう。何か、あなた以外に注目が向くような活動をするのです。レストランで向きあい、一時間、もしくはそれ以上会話を続けようとすると息苦しく、堅苦しくなり、誰であっても不安感を助長させてしまいます。不安症をもつ人であれば、不安になって当然なのです。

不安を抱えている生徒にとっては、このようなケースと同じように感じられるものが教室なのです。初めてのデートと同じく、不安を引き起こす原因を取り除きましょう。ここにおいては、その原因は教室という閉塞的な構造であり、それさえ取り除けば、より良い結果が得られるはずです。安心して、自分らしくいられるようになるのです。

同僚と協力して、お互いのクラスが一緒に行える活動を考えてみましょう。活動を通して、より多くの人とどのようにかかわっていきたいのかについて生徒に尋ねるのです。大きな理想からはじめ、より現実的なものになるよう一緒に考えてみましょう。

また、ほかのクラスで、ゲストスピーカーとしてプレゼンテーションを行うこともできるでしょう。イベントを企画したり、ほかの学校へ行って、年少の生徒に向けて授業を企画したりすることもできるはずです。教室は、みんなが顔を合わせる場であり、必ずしも実際の学びが行われる場である必要はないのです。

教師も参加する

生徒を教室から連れだし、地域の人とかかわらせることは、生徒が自信をもち、感情と社会性において健全でいるために重要です。とはいえ、生徒が行っていることが価値のあることだと彼らに感じてほしいのなら、あなたも生徒と同じく参加する必要があります。生徒に伝えている作業が意味のあるものであり、生徒の気分をよくしているものであれば、あなたがやらない理由はないでしょう。

体育やダンスなどの動きを伴う授業では、教師はいつも一緒に動いています。見本を示すことなくズンバ(9)は教えられないでしょうし、それが意味のある教え方になることもありません。よいお手本というのは、実践する人なのです。彼らはアイディアではなく、その行動によって周囲に影響を与えるのです。

教師として、「実際に体験することがもっとも影響力のある学びである」と言われてきました。教えることに対しても同じことがいえます。行うことによって学ぶのです。見ているだけではダメなのです。実際に行うことで教えるのです。課題として指示を出すだけではなく、生徒と一緒にすることでよい関係がつくれます。

生徒の目線に合わせ、しゃがんで質問に答える様子をイメージしてください。授業や学びに参加すれば、生徒の目線に合わせることができます。

教師が参加すれば生徒は孤独感を味わうことが少なくなり、精神的なものから来る孤立感は取り除けるようになります。

クラスは、集団であり、家族であり、一人ひとりがとても重要な役割をもつことで健全に機能する生命体です。生徒が発表するときには、いつでも、聴く人に何かタスクを与えるようにとお願いしています。そして、私もそのタスクを一緒にするようにしています。時には、発表者に私が行ったタスクを評価してもらうこともあります。生徒はとても楽しんでいます。この方法は単純明快です。生徒にさせるならあなたもしましょう、ということです。

（9）　南米コロンビアのダンサー兼振り付け師であるアルベルト・ベト・ペレスによって創作されたフィットネス・プログラムの名称で、世界的に有名なエクササイズです。

不安を抱えている生徒は、教師が生徒と同じように参加していることで自分の学びに対してもコントロールができるようになり、不安が和らぐのです。

前へ進む方法

不安は人を孤立させていきます。不安を抱えている人は、自分のなかにいる不安という大きな影響をもつ他者に支配され、ほかの人を自分の人生から追いやってしまいます。不安は、必ずしも身体的な苦痛を与えるものではありませんが、感情面においては苦痛を与えるため、身体的にも疲れ果ててしまいます。

教師は、不安を抱えている生徒が孤立してしまわないようにサポートする必要があります。スポーツや地域貢献などの課外活動によって、不安を抱えている生徒が友だちを見つけたり、帰属意識を得たり、ほかの人と一緒にいることで存在の意味を見つけたりすることができます。

これらの活動は教室の外に存在しています。また、不安を抱えている生徒に与える仲間意識と同じような課外活動を、あなたが教えるカリキュラムのなかで実践してみてください。これまでとは異なる形式の授業をしてみたり、学校を越えたより大きなコミュニティーへの参加を促したりして、その授業にあなたも参加してみるのです。そうすれば、不安によってもたらされる孤立

感や苦痛から生徒を解放することができるはずです。(10)

考えてみましょう

❶どのようにしたら、生徒が学校や地域のコミュニティーにもっとかかわるでしょうか？
❷どのようなことを試せば、あなたの教室や授業は今までとは異なるものになっていくでしょうか？
❸あなた自身が、自分の授業の学びに参加する機会を増やすために何ができるでしょうか？

(10)　二六一ページからここまで書かれていること（プラス他の要素）を踏まえて、学校をつくってしまった経緯や内容が詳しく紹介されているのが『一人ひとりを大切にする学校――生徒・教師・保護者・地域がつくる学びの場』（前掲）ですので、ぜひ参照してください。

おわりに——誰しもが語るべき物語をもっている

目の前にある机の上に書類フォルダーを置き、大学の教室の後ろで、足を揺らしながら私は座っています。部屋は一般的なものですが、新しく、病院の無菌室のようです。教授は、教室の前で座っている九人の学生とやり取りをしていました。

私が部外者であることは明らかです。学生同士は授業において何度か会ったことがありますが、教室にいる私を見て、「教室の後ろの新しい女性は誰なんだ?」と考えをめぐらせています。私が選んだ席は、存在を気づかれたくないという気持ちを現実的に、正直に示したものでしたが、まったく意味はありませんでした。

私には、興奮、切望、緊張、懐かしさなどといったさまざまな感情が入り交じっています。私が学生の一人であったのは、たったの一年前なのです。私は教授が教える授業の学生であり、教育における指導者となるための資格を得ようとしていました。そのようなときに教授と出会い、強く影響されることになったのです。

教授は、私が行っているNPO活動のことを耳にし、「もっと知りたい」と言ってきました。

彼女は、精神疾患についてボストンの大学で教えていました。春に委員会で発表してくれるティーンエイジャーを教授が探していたとき、私はＮＰＯの情報と共同設立者について伝えましたが、それ以来、私たちの関係は深くなっていきました。

再び、教授の授業に戻ってみましょう。

彼女の授業のなかで、私は二回目のプレゼンテーションを行おうとしていました。しかし、今回つけられる評価は、学生であったときのものとはまったく異なるものでした。前回は、「自分の理想の学校をデザインしなさい」という課題に対して成績がつけられたのですが、今回は「授業におけるゲストレクチャラー（講師）」としてのプレゼンテーションにつけられます。

プレゼンテーションの内容は、私が個人および教師として経験した、学校における精神疾患についてでした。つけられる評価は避けようがなく、それは学生として学問の世界でつけられた「Ａ、Ｂ、Ｃ、Ｄ」などとはまったく異なるものでした。今回の評価は、私自身につけられるようなもので、私の物語の伝え方や正当性が評価されるのです。

これまで一五年にわたって教え続け、最大五五人から六〇人の生徒を前にして授業を行い、人生の一部を共有してきました。しかし、そのメッセージの聴き手は私を知っている人であり、私を信頼しており、私に答えを求める人たちでした。

教室の後ろに座っていた私は、すぐにでも嘔吐《おうと》してしまいそうでした。心臓が胸から飛びだしてしまいそうなぐらい強く拍動していました。私は、自分の夢に向かって頭から飛びこんでいこうとしていたのです。私の物語を共有することで、毎日不安と向きあっている人を助けたいという希望を含んだ夢です。

その日は、学生の前に立って一時間ほど話しました。九人の学生と教授に対して、私は誰なのか、何をしてきたのか、何をしたいと思っているのかについて伝えました。教室の前に立った私は、心が裸になったような状態で、びっしょりと汗をかいていました。しかし、プレゼンテーションの最後に拍手喝采を受け、教授からは、「九人の学生全員が授業のファイナル・プロジェクトとして構想した理想の学校のなかでは、メンタルヘルスサービスをもっとも優先順位の高いものとして位置づけていた」という話を聞くことができました。

プレゼンテーションをした日、それに対する評価を得ることはありませんでしたが、学生から感謝のメールを受け取ったり、教授から「もう一度やってほしい」という依頼を受けています。これらのことは、成績表でオールAをとるようなものでした。

人は、誰しもが語るべき物語をもっています。誰かの物語が、ほかの人より重要であったり、影響力があるということではありません。これが意味するところは、誰しもその人のことを理解しきれていないということです。

精神疾患は、目に見える形では現れにくいものです。ほとんどの人が認知することができません。実際に患っている人でさえ、同じです。目に見える形になったとしても、毎回異なる形で現れ、その人の人生にとっての新たな「悪」として見なされていきます。教師は、生徒や生徒の背景にある物語に共感し、自分の物語を伝えていくことで弱い面をさらし、一人の人間であるということを見せる必要があります。教師が自分の物語を教室で話すという勇気を得たとき、生徒に対するロールモデル（見本）になることができます。

多くの人にとって、これは気乗りのしないことかもしれません。しかし、リスクを冒すという姿勢は周囲に伝わっていきます。教師が生徒に、教室は全員の物語が一つになる場所なのだということさえ示せれば、自分の精神疾患による苦しみはあってもおかしくないと考えるようになっていきます。それに対して、生徒を形づくるそれぞれの経験を教師が否定してしまうと、真の教え方や学び方に対して障害物を積みあげるような行為となります。

あなたの「物語」を伝えましょう。あなたの「なぜ」を伝えましょう。不安を感じることのないところから抜けだして、不安を抱えている生徒を支える側に回りましょう。彼らに尋ね、彼らがどのような人なのかを知りましょう。彼らが教室へもちこむ、彼らの物語を知るのです。教育とは、生徒と教師にとって生涯にわたる学びなのです。

私の物語はシンプルなものです。私は精神疾患を患っています。不安なのです。毎日、不安と闘い、周りの人と同じようにリスクが払えるように、そしてリスクを冒してもっとよい自分になれるように努めています。これは、「もし、そのリスクによって何かあったら……」と考えるのではなく、「もし、そのリスクを冒すことでよい状況につながったら……」と考えるということです。

クリスティーン・ラヴィシー－ワインスタイン

・メイナード、ネイサンほか『生徒指導をハックする』高見佐知ほか訳、新評論、2020年
・吉田新一郎『テストだけでは測れない！』NHK 出版、2006年
・吉田新一郎ほか『シンプルな方法で学校は変わる』みくに出版、2019年
・リトキー、デニス『一人ひとりを大切にする学校――生徒・教師・保護者・地域がつくる学びの場』（仮題）杉本智昭ほか訳、築地書館、2022年予定
・レヴィスティック、リンダ・S ほか『歴史をする』松澤剛ほか訳、新評論、2021年
・ロウズ、ジョン・ミューア『見て・考えて・描く自然探究ノート――ネイチャー・ジャーナリング』杉本裕代ほか訳、築地書館、2022年

・ジョンストン、P・H『言葉を選ぶ、授業が変わる！』長田友紀ほか訳、ミネルヴァ書房、2018年
・ジョンストン、ピーターほか『国語の未来は「本づくり」』マーク・クリスチャンソンほか訳、新評論、2021年
・スプレンガー、マリリー『感情と社会性を育む学び（SEL)』大内朋子ほか訳、新評論、2022年）
・チェインバーリン、アダムほか『挫折ポイント——逆転の発想で「無関心」と「やる気ゼロ」をなくす』福田スティーブ利久ほか訳、新評論、2021年
・デューク、マイロン『Giving Students a Say（聞くことから始めよう！——やる気を引き出し、意欲を高める評価とは)』（仮題）吉川岳彦ほか訳、さくら社、2022年予定
・冨田明広ほか『社会科ワークショップ』新評論、2021年
・トムリンソン、C・A『ようこそ、一人ひとりをいかす教室へ』山崎敬人ほか訳、北大路書房、2017年
・ピアス、チャールズ『だれもが〈科学者〉になれる！』門倉正美ほか訳、新評論、2020年
・フィッシャー、ダグラスほか『「学びの責任」は誰にあるのか』吉田新一郎訳、新評論、2017年
・ブース、デイヴィッド『私にも言いたいことがあります！』飯村寧史ほか訳、新評論、2021年
・フレイ、ナンシーほか『すべての学びはSEL』（仮題）山田洋平ほか訳、新評論、2022年予定
・プロジェクト・ワークショップ編『増補版　作家の時間』新評論、2018年
・プロジェクト・ワークショップ編『改訂版　読書家の時間』新評論、2022年
・プロジェクト・ワークショップ編『数学者の時間』新評論、制作中
・プロジェクト・ワークショップ編『科学者の時間』新評論、制作中
・メイソン、ジョンほか『教科書では学べない数学的思考』吉田新一郎訳、新評論、2019年

本書の訳注において紹介した本の一覧

・アイザックソン、ウォルター『レオナルド・ダ・ヴィンチ（上下）』土方奈美訳、文藝春秋、2019年
・アトウェル、ナンシー『イン・ザ・ミドル』小坂敦子ほか訳、三省堂、2018年
・ウィーヴァー、ローラほか『エンゲージド・ティーチング――SELを成功に導くための５つの要素』（仮題）内藤翠ほか訳、新評論、2022年予定
・ウィギンズ、グラントほか『理解をもたらすカリキュラム設計』西岡加名恵訳、日本標準、二〇一二年
・ウィルソン、ジェニほか『増補版「考える力」はこうしてつける』吉田新一郎訳、新評論、2018年
・ウォートン、イーディス『歓楽の家』佐々木みよ子ほか訳、荒地出版社、1995年
・大野裕『不安症を治す』幻冬舎新書、2007年
・ゲイマン、ニール『スターダスト』金原瑞人ほか訳、角川文庫、2007年
・コヴィー、ショーン『７つの習慣ティーンズ』フランクリン・コヴィー・ジャパン訳、キングベアー出版、2014年
・サックシュタイン、スター『成績をハックする』高瀬裕人ほか訳、新評論、2018年
・サックシュタイン、スターほか『宿題をハックする』高瀬裕人ほか訳、新評論、2019年
・サックシュタイン、スター『一斉指導をハックする――生徒の主体的な学びをもたら学習センター』（仮題）古賀洋一ほか訳、新評論、2022年予定
・サックシュタイン、スター『成績だけが評価じゃない――感情と社会性を育む評価』（仮題）中井悠加ほか訳、新評論、2022年予定
・ジョンストン、Ｐ・Ｈ『オープニングマインド』吉田新一郎訳、新評論、2019年

訳者紹介

小岩井僚（こいわい・りょう）

私立中高国語科教員。自身が受けてきた国語科教育に疑問をもち、大学卒業後はアメリカの大学院へ進学。自身が学び続けることで、既存の考えにとらわれずに「話すこと・書くこと・読むこと」を通して生徒と教師がともに学び続けられる時間をつくることを目標にしています。

吉田新一郎（よしだ・しんいちろう）

本書で紹介されている生徒や教師たちのエピソードは、どれも日本でも起こっていそうなことばかりです。しかし、「不安」という切り口で捉えたり、対処をしたりすることはまだ稀なので、すべての人のウェル・ビーイングの実現のために参考にしていただければ幸いです。問い合わせは、pro.workshop@gmail.comにお願いします。

不安な心に寄り添う
——教師も生徒も安心できる学校づくり——

2022年7月25日　初版第1刷発行

訳者　小岩井　僚
　　　吉田新一郎

発行者　武市一幸

発行所　株式会社 新評論

〒169-0051
東京都新宿区西早稲田3-16-28
http://www.shinhyoron.co.jp

電話 03(3202)7391
FAX 03(3202)5832
振替・00160-1-113487

落丁・乱丁はお取り替えします。
定価はカバーに表示してあります。

印刷　フォレスト
装丁　山田英春
製本　中永製本所

Printed in Japan
ISBN978-4-7948-1215-5

新評論　好評既刊

クリスィー・ロマノ・アラビト／
古賀洋一・山﨑めぐみ・吉田新一郎訳

静かな子どもも大切にする

内向的な人の最高の力を引き出す

おとなしい生徒を無視したり、発言や参加を強制しても解決にはならない！　教室のコミュニケーションを向上させる環境構築法。

四六並製　266 頁　2640 円　ISBN978-4-7948-1187-5

デイヴィッド・ブース／
飯村寧史・吉田新一郎 訳

私にも言いたいことがあります！

生徒の「声」をいかす授業づくり

一方通行で挙手を待つような講義型授業はもう終わりにしよう！子どもたちが自ら「声」を発するのを支える授業のための手引き。

四六並製　334 頁　2640 円　ISBN978-4-7948-1175-2

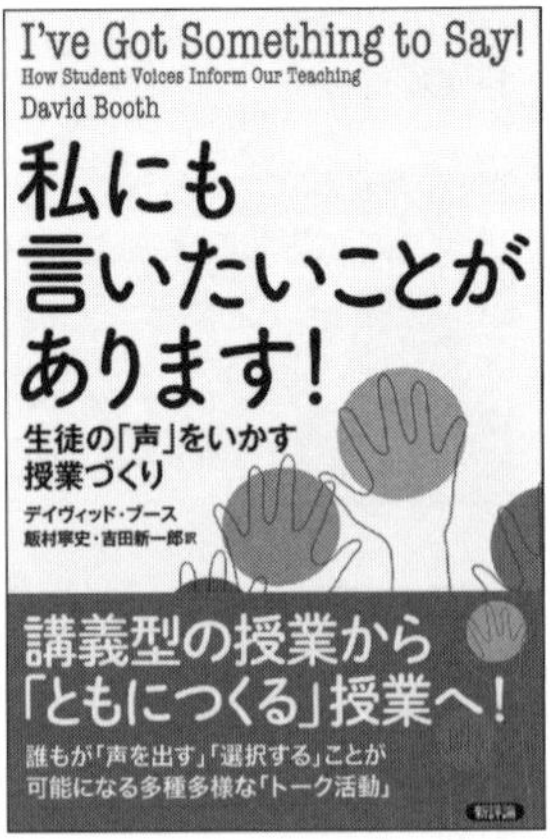

＊表示価格はすべて税込み価格です。